VIE
DE BOSSUET

2 SÉRIE IN-12.

Propriété des Éditeurs,

Eugène Ardant et Cie

VIE

DE

BOSSUET

PAR

L'ABBÉ LAURENT.

LIMOGES
EUGÈNE ARDANT ET Cie, ÉDITEURS.

VIE
DE BOSSUET

I. — La jeunesse de Bossuet.

On croit ordinairement avoir tout dit sur Bossuet quand on l'a appelé le prince de l'éloquence chrétienne, l'aigle de Meaux, le Démosthènes français, le dernier des Pères de l'Eglise. Tous rendent hommage à son génie, mais bien peu songent à étudier sa vie et ses œuvres, comme si la jeunesse surtout n'avait aucun avantage à en retirer. Son histoire se confond pourtant avec celle de son siècle ; elle est liée à tous les événements et à toutes les illustrations du règne de Louis XIV ; on y admire les qualités modestes de son caractère, la simplicité de ses habitudes au milieu des honneurs, la tendresse de son âme envers les brebis égarées, son cordial dévouement à la cause de la religion, son éloquence sublime, toujours prête à foudroyer l'hérésie, à proclamer le néant des grandeurs terrestres, à montrer la main de la Providence gouvernant toutes choses. De loin, on l'admirait; de près, on l'aime ! O jeunes gens, étudiez ce modèle pour apprendre comment se forment les idées et les sentiments élevés.

Le 27 septembre 1627, naquit à Dijon le septième enfant de Bénigne Bossuet et de Madeleine Mochette. Baptisé le lendemain, il reçut les prénoms de Jacques-Bénigne. Son aïeul, vrai patriarche des temps primitifs, inscrivit, en souvenir de cette circonstance, ces paroles sur l'album de la famille : « Le Seigneur l'a entouré de sa protection, l'a instruit de sa loi et l'a gardé comme la prunelle de son œil, » ne se doutant point que sa prédiction serait un jour complètement réalisée.

La famille de Bossuet s'était depuis longtemps distinguée au parlement de Dijon et à celui de Metz, où son père fut bientôt nommé doyen des conseillers par son oncle Antoine de Bretaigne, premier président de cette compagnie. A l'âge de dix ans,

Jacques-Bénigne fut laissé entre les mains de Claude Bossuet, homme de mérite et capable de servir de père et de guide à son neveu. Il lui dut son amour de l'étude et peut-être tout son avenir, car, incliné par son exemple et ses leçons vers les idées sérieuses, le culte de la science et la passion des livres, il préféra bientôt passer le temps de la récréation dans la bibliothèque plutôt que de le consacrer aux jeux et aux plaisirs enfantins.

Conduit chaque jour au collége des Jésuites, il acheva avec succès son cours d'humanités, sous la direction de ces habiles maîtres de l'enseignement classique.

La tâche imposée à ses condisciples ne lui suffisant pas, il choisissait avec intelligence et goût les meilleurs passages d'Homère et de Virgile, les confiait à son excellente mémoire et les déclamait, dans l'occasion, à son oncle, effrayé d'un talent si précoce.

De Metz, son père venait chaque année à Dijon passer quelques jours auprès de son cher enfant et juger par lui-même de ses progrès. Il avait peine à en croire ses propres yeux et les récits flatteurs de tous ses proches, lorsqu'une heureuse coïncidence ne lui laissa plus de doutes à cet égard. Jacques rencontra par hasard une Bible latine, la parcourut avec un fiévreux enthousiasme, s'enferma pour la lire à son aise, et la préféra dès lors aux ouvrages profanes les plus vantés. Jusqu'à la fin de sa vie, il l'étudia chaque jour, sans jamais s'en séparer; il l'avait toujours sur sa table et la portait avec lui dans ses moindres voyages. Oh! que peut un bon livre médité avec attention! La Bible, voilà la source où s'étanchera sa soif, où il puisera largement, la mine dont il exploitera le moindre filon, le trésor où il enrichira son esprit et son cœur! Il avait compris qu'il faut lire *beaucoup*, mais *peu de livres*, si l'on veut devenir un homme supérieur. Un ancien avait déjà dit qu'il craignait un lecteur attaché à un seul ouvrage : *Timeo hominem unius libri.*

Les Jésuites essayèrent vainement de gagner à leur ordre un jeune homme remarquable à tant de titres, et qui donnait de si belles espérances : Bossuet préféra suivre le conseil de son père et terminer ses études à Paris, rendez-vous de tous les personnages célèbres. Le jour de son arrivée, en 1642, il put contempler un spectacle extraordinaire : l'entrée triomphale de Richelieu, le puissant ministre vainqueur de tous ses ennemis, porté dans une grande litière carrée par dix-huit gardes marchant nu-tête, et devant qui on abattait les portes et les murailles des cités ou des maisons pour ouvrir un accès facile au pompeux cortége. Bossuet fut frappé de l'énergie du cardinal, qui, faible et mourant, insensible à son triomphe, ne songeait qu'à dicter ses derniers ordres à un secrétaire assis au pied de son lit, où la mort vint bientôt le saisir. Le grave étudiant trouva là une ample matière à ses considérations philosophiques, et plus tard il sut mettre à profit ce *magnifique témoignage de notre néant.*

Ses titres de tonsuré et de chanoine de la cathédrale de Metz, malgré ses quinze ans, lui valurent, au collége de Navarre, l'intérêt et l'affection du grand-maître Nicolas Cornet, docteur célèbre par sa piété, sa modestie et son savoir. Ces deux âmes semblaient faites pour se comprendre ; le disciple se montra soumis, aimant, laborieux, et le digne mentor mit toute sa félicité à embellir cette nature d'élite, à lui aplanir les voies de l'étude, à lui montrer les écueils, le phare et le port. Bossuet se mit tout d'abord à une distance immense au-dessus de ses condisciples, il désespéra ses concurrents par ses succès, tout en gagnant leur estime par son application constante, son obéissance aux moindres prescriptions de discipline, par sa bonne humeur et sa franchise.

Outre une connaissance profonde de la langue grecque, il acquit bientôt une grande habitude des chefs-d'œuvre oratoires, historiques et poétiques de Rome et d'Athènes. Il ne faisait cas de la science qu'autant qu'elle lui semblait propre à la défense de la religion et utile au salut des âmes; c'est pourquoi il négligea les mathématiques, dont le ministère sacerdotal a peu besoin, et se contenta d'honorer ceux qui les professaient. Il vaut mieux approfondir, en effet, les sciences de son état que d'acquérir sur tous les sujets des notions nécessairement superficielles : qui trop embrasse, mal étreint !

Chargé par les professeurs du collége de Navarre de soutenir sa première thèse de philosophie, en 1643, il la dédia à monseigneur Cospéan, évêque de Lisieux, fort honoré par Louis XIII et la reine Anne d'Autriche. L'assemblée devant qui Bossuet développa ses arguments était brillante et nombreuse; d'une voix unanime, elle proclama la supériorité de son travail et lui décerna les éloges les plus délicats.

Monseigneur Cospéan surtout se constitua alors son dévoué protecteur, et madame du Plessis, femme du secrétaire d'Etat, dont le salon était ouvert à la plus docte société de l'époque, le présenta à ses amis. Le marquis de Feuquières en parla à la *précieuse* madame de Rambouillet, l'Egérie des gens de lettres, et lui assura que le jeune ecclésiastique était capable d'improviser un discours sur n'importe quelle question. Le défi fut accepté de part et d'autre. On alla chercher sur-le-champ Bossuet, qui arriva à sept heures du soir à l'hôtel Rambouillet, où on l'enferma seul dans une chambre, sans livres ni plume, livré pendant quelques instants à ses réflexions. A onze heures, les beaux esprits de la cour, légèrement disposés à la raillerie, couvrirent d'applaudissements la voix du jeune orateur, qui avait surpassé leur attente. Voiture, qui ne manquait pas l'occasion de placer un bon mot, s'écria : « Je n'ai jamais entendu prêcher ni si tôt ni si tard. »

La même épreuve fut subie par Bossuet, en présence de plusieurs prélats, dont il accueillit avec bonheur les conseils sur l'éloquence de la chaire et la nécessité de s'y préparer par de solides études. Monseigneur Cospéan lui promit de lui faire dire ce même sermon devant la reine, stimula son ardente envie de se consacrer au service des autels, et dit à son entourage : « Ce jeune homme sera une des plus grandes lumières de l'Eglise. »

Affilié par le docteur Cornet à la maison de Navarre, Bossuet voulut se rendre digne de cet honneur en obtenant le grade de bachelier en théologie. A cet effet, il soutint une thèse de la façon la plus brillante et la dédia au grand Condé, le vainqueur de Rocroi, de Fribourg et de Nordlingen, aussi instruit qu'habile capitaine, qui assista en personne à la séance avec les principaux chefs de l'armée. Bossuet lui adressa une harangue où il le remercia, au nom de toute la France, de ses hauts faits, en lui rappelant que les lauriers sont périssables et que la gloire acquise par les vertus durera éternellement. Le prince fut sensible à ses éloges, et quand il l'entendit développer sa thèse, il fut tenté d'attaquer un répondant si habile et de lui disputer la palme de la théologie. Grande époque que celle où un général, dont le génie embrassait tout, pouvait vaincre sur le champ de bataille ou dans une discussion philosophique, par l'épée ou par l'éloquence !

Bossuet passa deux années à Metz, uniquement occupé de ses fonctions de chanoine de la cathédrale, de la lecture suivie des saints Pères, et de sa préparation aux saints ordres. La ville fut très-édifiée de l'austérité de ses mœurs, de la réserve de son maintien, de son amour de la prière, et désira le voir revêtu du sacerdoce. Il eut cette inestimable joie dans le carême de 1652; il s'y prépara avec soin en faisant une retraite à Saint-Lazare, maison dirigée par saint Vincent de Paul, le grand apôtre de la charité, avec qui il se plaisait à converser et à s'instruire de tous les secrets de la vie intérieure. La même année, il reçut le bonnet de docteur et s'engagea pour toujours au service de la vérité : « J'irai, dit-il, plein de la plus vive joie, à ces autels témoins de la foi doctorale si souvent proclamée par nos saints prédécesseurs. Là vous m'imposerez ce noble et sacré serment, qui dévouera ma tête à la mort pour le Christ, et toute ma vie à la vérité. O serment non plus d'un docteur, mais d'un martyr, si pourtant il n'appartient d'autant plus à un docteur qu'il convient plus à un martyr! Qu'est-ce en effet qu'un docteur, sinon un intrépide témoin de la vérité? Ainsi, ô vérité suprême, conçue dans le sein paternel de Dieu, et descendue sur la terre pour vous donner à nous dans les saintes Ecritures, nous nous enchaînons à vous tout entier, nous vous consacrons tout ce qui respire en nous. Et comment vous refuserions-nous nos sueurs, nous qui venons de jurer de vous prodiguer notre sang? »

Bossuet avait achevé avec éclat ses études théologiques; son nom était sur les lèvres, dans les universités et à la cour; le chemin de la fortune et des dignités lui était ouvert par l'intermédiaire de plusieurs puissants seigneurs; on lui offrait le poste de grand-maître au collége de Navarre; le monde se disputait le plaisir de l'entendre et rendait hommage à ses qualités extérieures autant qu'aux charmes de son esprit. S'il eût été ambitieux, il aurait accepté les avances de ses admirateurs, au lieu de les refuser.

Mais malgré sa jeunesse, il n'avait point d'illusions à l'égard des honneurs et des plaisirs ; il avait goûté les douceurs de l'abnégation et de l'humilité près de saint Vincent de Paul, dont il devait provoquer la béatification. « Plein de reconnaissance pour la mémoire de ce pieux personnage, écrivait-il longtemps après au pape, nous croyons devoir déposer dans votre sein paternel le juste témoignage que nous lui rendons. Nous déclarons que nous l'avons connu très-particulièrement dès notre jeunesse ; qu'il nous a inspiré, par ses discours et par ses conseils les sentiments de la piété chrétienne dans toute leur pureté, et le véritable esprit de la dignité ecclésiastique ; aujourd'hui nous nous rappelons encore dans notre vieillesse, avec un singulier plaisir, ses excellentes leçons. Combien de fois n'avons-nous pas eu le bonheur de jouir dans le Seigneur de sa société et de ses entretiens ! Avec quelle édification n'avons-nous pas contemplé à loisir ses vertus, son admirable charité, la gravité de ses mœurs sa prudence extraordinaire jointe à la plu parfaite simplicité, son application aux affaires ecclésiastiques, son zèle pour le salut des âmes, sa constance et son courage invincible pour s'opposer à tous les abus et à tous les relâchements. » De si beaux exemples influèrent sans doute sur sa résolution de n'accepter aucun emploi important, et de se retirer au chapitre de Metz.

Pendant six années, il se montra le modèle des chanoines, assistant à tous les offices et aux plus simples réunions avec esprit de foi, partageant tout son temps entre l'église et le cabinet. Le Nouveau Testament, cette source de toute piété et de toute doctrine, ne sortait pas de ses mains, et il couvrait de commentaires les marges du volume. Il étudiait la nuit et le jour saint Chrysostôme, le plus grand prédicateur de l'Eglise, selon son expression; Origène, remarquable par la noblesse de son style et la candeur de ses sentiments; saint Athanase et saint Grégoire de Nazianze, si versés dans la connaissance des mystères; Tertullien, le dur Africain; saint Bernard, plein d'onction. Mais son orateur favori était saint Augustin, dont il disait avoir appris les principes de la religion, et dont il transcrivit tant de passages, qu'il l'*avait mis tout entier en morceaux*. Les pensées et le style du grand évêque d'Hippone lui devinrent familiers au point qu'il put combler une lacune de huit lignes dans l'édition des Bénédictins. Il le consultait avant de monter en chaire, dans les questions de controverse, et y trouvait la solution de toutes ses difficultés. Le panégyrique de saint Augustin, qu'il prêcha dans l'église des chanoinesses de Meaux, est un monument durable de son affection pour son maître ; il montra *ce que la grâce a fait pour Augustin et ce qu'Augustin fit pour la grâce,* division suivie depuis par beaucoup d'orateurs.

Le maréchal et la maréchale de Schomberg, dévoués à Bossuet, lui adressèrent les nombreux protestants de Metz désireux de s'instruire et de connaître la vraie religion. Il accueillit cette œuvre de zèle avec plaisir se prêta volontiers à toutes les discussions des protestants, ravis de sa douceur et de sa complaisance, et en ramena un grand nombre au bercail. Il se lia même d'amitié avec Paul Ferry, principal ministre des protestants. Leurs relations étaient fréquentes et intimes, car tous deux s'estimaient à leur juste valeur, lorsque le ministre s'avisa de publier un catéchisme où il prétendait prouver : 1° que la réforme avait été nécessaire, et 2° que si on avait pu se sauver dans l'Eglise romaine avant la réforme, on ne le pouvait plus depuis son établissement. Bossuet, alarmé de ce fait et de l'attaque adressée à la vérité catholique, s'empressa de réfuter l'erreur. Il lui en coûtait sans doute de combattre son ami, mais l'amitié s'efface devant le devoir : *Amicus Plato, sed magis amica veritas.* La *Réfutation du catéchisme de Paul Ferry*, écrite avec modération et une logique charitable, prouva : 1° que la réforme, comme elle a été entreprise, a été pernicieuse, et 2° que si on pouvait se sauver dans l'Eglise romaine avant la réforme, on le peut encore aujourd'hui. Chose admirable ! Bossuet, pour établir ces deux propositions, n'employa que les aveux échappés au ministre. Son succès terrifia les protestants, qui reprochèrent à Ferry son imprudence et le blâmèrent hautement de ses rapports assidus avec le savant chanoine. Le ministre affectionna encore plus sincèrement Bossuet, il entreprit de nouvelles discussions avec lui, et se prépara même à abjurer l'erreur entre ses mains ; malheureusement la mort ne lui laissa pas le temps d'accomplir son dessein.

De concert avec l'évêque, Bossuet, controversiste distingué à vingt-sept ans, établit à Metz une association de femmes chargées d'instruire les jeunes filles disposées à embrasser la religion catholique, et qui produisit beaucoup de bien. En 1657, la reine-mère, Anne d'Autriche, informée de l'influence de Bossuet sur les protestants, et désireuse de faciliter de nouvelles conversions, chargea saint Vincent de Paul d'envoyer ses meilleurs missionnaires à Metz, pour seconder Bossuet, qu'elle nomma le chef de la mission. Vingt prêtres lui furent adressés ; il les reçut dans sa maison en 1658, arrêta le plan des travaux apostoliques, leur indiqua les chances de réussite, se démit en leur faveur de la chaire de la cathédrale et ne se réserva que les fonctions les plus modestes. Deux fois par semaine il faisait le catéchisme dans l'église de la citadelle, située hors de la ville, et donnait des instructions particulières à tous les protestants qui en sollicitaient. Afin de conserver les fruits abondants de la mission, il institua des conférences ecclésiastiques, sur le modèle de celles fondées par saint Vincent de Paul à Saint-Lazare, où se réunissaient de saints évêques et d'habiles théologiens.

Dans ses rapports avec les protestants, il avait remarqué que leur éloignement pour l'Eglise romaine provenait de l'ignorance de sa constitution et de sa doctrine, présentées par la calomnie des ministres comme superstitieuses, ridicules et grossières. Pour remédier à ce mal, il s'agissait de démasquer la ruse et l'imposture des ennemis, en exposant la doctrine catholique dans toute sa simplicité, et en expliquant les points de controverse. Bossuet composa, à cet effet, l'*Exposition de la Doctrine catholique*, ouvrage propre à faire aimer cette doctrine, à la montrer facile à croire et à pratiquer, capable de convaincre tous les hommes de bonne foi et de ramener toutes les sectes de Luther et de Calvin. Avec sa douceur habituelle, il confondait les systèmes sans blesser personne, et forçait les hérétiques à s'avouer vaincus; jamais il n'oublia la grande règle de toute discussion religieuse :

l'unité dans ce qui est nécessaire ; la liberté dans ce qui est douteux ; la charité dans tous les cas.

Les deux premières conquêtes dues à ce livre furent le marquis de Dangeau et son frère l'abbé de Dangeau, qui a raconté tous les détails de cette double conversion dans ses *Dialogues.* La plus importante fut celle du maréchal de Turenne, cet *homme qui faisait honneur à l'homme,* lié avec les plus recommandables protestants, chéri du roi et craint de tous les ennemis de la France, cité partout comme un prodige de valeur, de probité et de droiture. Depuis longtemps il hésitait à abjurer le calvinisme, dont les côtés faibles n'échappaient point à sa raison; mais quelques doutes l'inquiétaient encore, lorsqu'il en trouva une complète solution dans la lecture de l'ouvrage de Bossuet, dont il se fit l'humble disciple. Le premier capitaine de l'Europe renonça solennellement à l'hérésie et se montra toujours le fidèle observateur des lois de l'Eglise catholique, dans le sein de laquelle il mourut en héros chrétien.

Le premier, il supplia Bossuet de donner au public le livre de l'*Exposition,* dont l'influence contribuerait certainement à la conversion de ses anciens coreligionnaires. Bossuet ne se laissa pas toucher par ses nstances, et ne consentit que trois ans après à livrer à l'impression son ouvrage, approuvé par l'archevêque de Reims et dix évêques, et recommandé par le cardinal Bona, la gloire du Sacré-Collége. Jamais, dans les annales de la librairie religieuse, on ne constata pareil succès ; deux éditions s'écoulèrent en un mois, tandis que des traductions en toutes les langues se répandaient dans toute l'Europe. Partout les prélats admirent l'*Exposition* comme le plus fidèle résumé de l'enseignement catholique, et en demandèrent une traduction latine qui fut faite, sous les yeux de l'auteur, par son ami l'abbé Fleury.

Les ministres protestants, irrités du discrédit jeté sur leurs erreurs par cet ouvrage, cherchèrent non pas à le réfuter, ce qui était impossible, mais à le discréditer, en le traitant comme l'œuvre d'un simple particulier qui avait mal compris l'enseignement romain et qui ne méritait par conséquent nulle croyance. Du reste, ajoutaient-ils, les approbations de quelques évêques n'étaient pas une preuve de son orthodoxie, tant que l'oracle de l'*Eglise de Rome n'aurait pas parlé*. Bossuet ne demandait pas mieux que d'obtenir l'approbation formelle du souverain Pontife; en conséquence il fit présenter, par l'abbé de Saint-Luc, un exemplaire du traité de l'*Exposition* à Innocent XI, qui lui en témoigna sa satisfaction par un bref conçu dans les termes les plus flatteurs. Une nouvelle édition parut bientôt, précédée de ce bref, de toutes les autres approbations, et d'un avertissement regardé comme un chef-d'œuvre de dialectique et de raisonnement. Bossuet fut moins sensible à toutes les félicitations venues de toutes parts, qu'à la joie de voir, chaque jour, un grand nombre de protestants accourir au pied des saints autels et jurer, entre ses mains, fidélité à l'Eglise romaine.

Sa renommée d'écrivain était conquise; ses amis le pressaient de justifier l'opinion que la cour avait conçue de son éloquence et de prêcher enfin à Paris. Mais se souvenant des avis de monseigneur de Cospéan, il ne voulait pas se prodiguer avant d'avoir fait ample provision de recherches et de connaissances doctrinales. Il laissait son talent se développer dans les chaires de la province, dans l'étude et la retraite; par la pratique de toutes les vertus, il formait en lui le véritable orateur, l'homme de bien habile à manier la parole. S'il est vrai que l'éloquence n'est que l'âme mise au-dehors, on peut juger des qualités de son âme par les richesses de ses discours, et l'on comprend la haute idée qu'il se faisait de la prédication. Armé de pied en cap, comme les pieux chevaliers, après avoir passé dans la prière la *veille d'armes*, il pouvait hardiment entrer dans la milice sainte. Nous le suivrons à Paris, pour assister à ses débuts, qui marquèrent, pour ainsi dire, la *renaissance* de l'art oratoire dans notre pays.

II. — Bossuet évêque de Condom.

C'est dans l'église des Minimes de la place Royale que Bossuet se vit entouré d'une foule d'auditeurs suspendus à ses lèvres, pendant le carême de 1659. Il semblait avoir enfin trouvé le milieu où son génie pouvait prendre tout essor, et les princes s'étonnaient de la sublimité de ses pensées, de l'élégance de sa diction, croyant entendre pour la première fois des vérités que d'autres prédicateurs leur avaient souvent annoncées, mais avec moins d'éclat. A la prière d'Anne d'Autriche, il fit, dans l'église des Feuillants, le panégyrique de saint Joseph, en présence de toute la cour avide de l'entendre. Il prit pour texte cette parole de saint Paul à son disciple : *Depositum custodi*, gardez le dépôt, et excita un murmure général d'approbation par cette allusion au jeune roi, que la reine-mère avait protégé, comme le dépôt de toute la France confié à sa tendresse, contre les troubles et les factions. Anne d'Autriche voulut entendre le même discours une seconde fois, et le poète Santeuil y puisa les plus belles pensées de son hymne à saint Joseph.

Le carême de 1661, prêché aux Carmélites, attira dans leur chapelle les docteurs de Port-Royal, les hommes les plus instruits de la capitale, qui témoignaient hautement leur admiration, et se réunissaient, après chaque sermon, pour se faire part de leurs remarques. Anne d'Autriche et la jeune reine annoncèrent au roi leur admiration pour l'orateur et saisirent toutes les occasions de l'entendre. Dans le panégyrique de saint Paul, Bossuet se surpassa lui-même lorsqu'il prouva la divinité de la mission donnée par Dieu au converti de Damas qui se glorifiait de ne savoir que Jésus crucifié et n'avait aucun titre à l'estime des philosophes : « Il prêchera Jésus dans Athènes, et le plus savant de ses sénateurs passera de l'aréopage dans l'école de ce barbare. Il poussera plus loin ses conquêtes. Il abattra aux pieds de Jésus-Christ la majesté des faisceaux, et fera trembler dans leurs tribunaux les juges devant lesquels on l'a cité. C'est que Paul a des moyens pour persuader que la Grèce n'enseigne pas, et que Rome n'a pas appris. Une puissance surnaturelle, qui se plaît à relever ce que les superbes méprisent, s'est répandue et mêlée dans l'auguste simplicité de ses paroles... De même qu'on voit un grand fleuve qui retient encore, courant dans la plaine, cette force violente et impétueuse qu'il avait acquise aux montagnes d'où il tire son origine, ainsi cette vertu céleste qui est contenue dans les écrits de saint Paul, même dans cette simplicité de style, conserve toute la vigueur qu'elle apporta du ciel d'où elle descend. » Jamais la chaire chrétienne n'avait entendu de si beaux accents.

Bossuet, cédant aux instances de ses compatriotes, prêchait un jour, à Dijon, sur le mépris de l'honneur du monde, lorsque le grand Condé entra subitement dans l'église. L'orateur, au lieu de se sentir mal à l'aise, en un tel sujet, devant le prince, se tourna vers lui, en s'écriant : « Je ne serais pas sans appréhension de condamner devant Votre Altesse la gloire dont je la vois environnée, si je ne savais qu'autant qu'elle sait la mériter, autant elle a de mérite pour en reconnaître le faible. Je reconnais en elle le grand prince, le grand génie, le grand capitaine ; mais toutes ces grandeurs qui ont tant d'éclat devant les hommes, doivent être anéanties devant Dieu... Nonobstant la surprise de sa présence imprévue, les paroles ne me manqueraient pas sur un sujet si auguste ; mais en me souvenant au nom de qui je parle, j'aime mieux abattre aux pieds de Jésus-Christ les grandeurs du monde que de les admirer plus longtemps en une autre personne. » Il était difficile de décerner à la fois un éloge plus spirituel et de donner une leçon plus chrétienne.

Louis XIV, capable d'apprécier tous les genres de mérite, après avoir entendu Bossuet, dans la chapelle du Louvre, pendant l'avent de 1661, lui marqua son enthousiasme en faisant écrire à son père pour le féliciter d'avoir un tel fils. De plus, il lui imposa d'avance la prédication de plusieurs carêmes et avents dans la chapelle royale, où le père de Bossuet avait la faculté d'assister aux sermons de son fils : « Voilà un père qui doit être bien heureux ! » dit le roi à ceux qui l'entouraient.

La modestie du grand orateur rehaussait l'autorité de sa parole ; loin de rechercher les éloges, il s'étudiait à les fuir, se retirant dans la solitude après chaque station, et en renvoyait toute la gloire à Dieu. Même dans sa vieillesse, il n'aimait pas à entendre parler de ses succès. Au rapport d'un contemporain, tout parlait en lui avant même qu'il commençât à parler : la gravité de son visage, la douceur de son regard, l'émotion de sa voix et la noblesse de ses gestes. Sa préparation consistait à réunir d'avance quelques documents, des textes de la Bible, des passages des saints Pères ; avant de monter en chaire il méditait sérieusement son sujet, prévoyant les principales divisions et subdivisions, et se fiait, pour les détails de la forme, à sa grande facilité d'improvisation. Nous sommes loin de posséder tous les discours qu'il prononça, et ceux qui nous sont parvenus peuvent à peine passer pour tels. Ce que les éditeurs ont publié n'est point le texte même de ses sermons ; c'est un recueil des ébauches qu'il jetait négligemment sur le papier; on y reconnaît toutefois ses pensées, ses mouvements oratoires et le cachet de son génie. Les critiques ignoraient cette circonstance quand ils se permettaient de blâmer quelques incorrections et quelques défauts dans des écrits que l'auteur n'a pas même revus. Malgré leurs ridicules sévérités, les sermons de Bossuet resteront comme un des plus beaux monuments de notre langue, et seront toujours, de l'aveu du cardinal Maury, la véritable rhétorique des prédicateurs.

Pendant les dix années qu'il consacra au ministère apostolique, de 1660 à 1669, Bossuet fixa sa demeure dans la maison du doyen de la collégiale de Saint-Thomas, l'abbé de Lameth, avec qui il s'était lié d'une étroite amitié pendant leur cours de théologie au collége de Navarre. Leurs goûts et leur caractère identiques favorisaient cette union et cette vie commune. Bossuet se renferma dans la retraite studieuse et dans l'éloignement du monde ; il acquit une parfaite connaissance des hommes en étudiant son propre cœur. Uniquement préoccupé du salut des âmes et du bien de l'Eglise, sans arrière-pensée d'ambition ni d'avenir, il croyait n'avoir jamais assez de science pour annoncer dignement la parole divine. Un petit nombre d'ecclésiastiques instruits et pieux, animés des mêmes intentions, étaient seuls admis dans son petit cénacle ; et tous s'excitaient mutuellement au travail et aux plus humbles vertus.

Bossuet goûta les plus douces consolations dans ses stations de l'église des Carmélites de Paris, où Turenne venait habituellement l'écouter et se recueillir dans de saintes méditations. Après y avoir prêché les prises d'habit de mademoiselle de Bouillon et de la comtesse de Rochefort, il donna le voile à mademoiselle de Péray, protestante convertie par ses discussions. Dans ce pieux asile, les princesses de Longueville et de Conti allaient se former aux pratiques de la pénitence et du repentir; elles prièrent Bossuet de faire, pour elles et les religieuses, des conférences sur les épîtres et les offices de l'Eglise. Un ecclésiastique de ses amis l'ayant entendu parler à cet auditoire, crut voir saint Jérôme interprétant les livres sacrés aux vierges et aux veuves romaines.

Bossuet a été le créateur des oraisons funèbres, et pourtant, de tous les genres d'éloquence, c'était celui qu'il aimait le moins. Il jugeait ce travail naturellement peu utile, quoiqu'il cherchât toujours à le tourner vers l'instruction et l'édification publiques. Selon lui, c'était le plus grand témoignage de respect, d'amitié et de reconnaissance qu'il eût pu donner aux personnes qui lui avaient demandé de vaincre sa répugnance pour ce genre de travail. Son premier essai, l'oraison funèbre du père Bourgoing, troisième supérieur général de la congrégation de l'Oratoire, fondée en France par le cardinal de Bérulle, et en Italie par saint Philippe de Néri, annonça ce qu'il serait un jour. Le second fut un devoir de reconnaissance envers son premier maître, le docteur Cornet, dont il loua dignement l'équité, la science et la modestie.

L'archevêque de Paris, Hardouin de Péréfixe, présent à cette cérémonie, conçut une telle opinion de l'orateur, que dès ce moment il lui accorda toute son amitié et toute sa confiance. Il le chargea de la difficile mission d'arracher les religieuses de Port-Royal aux erreurs de Jansénius, et de leur faire signer le formulaire qu'il n'avait pu lui-même leur imposer par la douceur. Bossuet ne se dissimula pas combien il importait de dissuader ces religieuses des erreurs de leurs directeurs, de « ces hommes bien plus à plaindre que je ne puis l'exprimer, disait-il, d'en être réduits à ce point, qu'ils semblent mettre toute leur défense à décrier hautement, et de vive voix et par écrit, tout le gouvernement présent de l'Eglise. » C'est pourquoi il commença à entrer en négociations avec elles, et à résoudre en détail tous leurs prétendus scrupules; puis, il leur adressa une longue lettre renfermant la réfutation complète du jansénisme. Les religieuses entrevirent certainement la vérité dans cet exposé clair et net de la doctrine de l'Eglise sur les questions dont il s'agissait; mais l'aveugle confiance qu'elles avaient en leurs pasteurs de Port-Royal l'emporta sur toute autre considération, et elles tombèrent avec eux dans l'abîme, où Dieu seul peut juger leur bonne foi !

M. de Péréfixe reconnut les qualités de Bossuet en cette rencontre, et, malgré son insuccès en face de l'obstination de quelques pauvres femmes, il l'employa dans toutes les affaires importantes de son diocèse. Il le chargea de prononcer le discours d'ouverture du synode de 1665, et aucun des prêtres de Paris ne s'offensa de cette préférence donnée à un ecclésiastique étranger au diocèse, parce que tous le regardaient comme digne d'occuper les premiers emplois dans l'Eglise. Le prélat ne pouvait se séparer de lui, ni à la ville ni à la campagne; pour le fixer près de sa résidence, il lui offrit les deux cures les plus importantes de Paris, celle de Saint-Eustache et celle de Saint-Sulpice. Bossuet refusa respectueusement toutes les propositions de cette nature, pour rentrer dans ses fonctions de chanoine de Metz.

Son père, pleurant une vertueuse compagne qui lui avait donné dix enfants, avait besoin de ses consolations. Ce vénérable vieillard embrassa l'état ecclésiastique et reçut le diaconat. Le père et le fils marchèrent dans la sainte carrière avec un courage admirable, s'édifiant mutuellement et offrant à Dieu leurs prières et leurs travaux. Un tel bonheur ne fut pas de longue durée. Le jour de l'Assomption, en 1667, Bossuet fut prévenu, au moment de monter en chaire, dans la cathédrale de Metz, que son père, atteint d'une attaque d'apoplexie, voulait mourir entre ses bras. Sur-le-champ, docile à la voix de la nature et de la piété filiale, il se rendit auprès du moribond et lui donna les derniers sacrements ; puis il reçut la bénédiction et les adieux du meilleur des pères de famille.

La perte de la reine-mère, qui se proposait de le nommer à un évêché de Bretagne, lui causa une vive douleur. Il épancha sa tristesse dans l'oraison funèbre qu'il prononça, en l'honneur de cette princesse, dans l'église des Carmélites, et émut jusqu'aux larmes les nombreux évêques qui assistaient à la cérémonie. Son désir était toujours le même ; il tenait à s'ensevelir dans sa chère retraite de Metz ; mais un ordre du roi l'appela à Paris, dans l'intérêt du gouvernement et de l'Eglise, qui lui confièrent la direction de l'œuvre relative à la conversion des protestants.

La *paix* de Clément IX avait apaisé les redoutables querelles du jansénisme ; les solitaires de Port-Royal, pour prouver leur attachement à l'Eglise, consacrèrent leurs plumes à la destruction du calvinisme. Le roi les encouragea dans cette louable entreprise, et leur donna Bossuet comme censeur et examinateur de leurs écrits. Celui-ci approuva les trois premiers volumes de l'ouvrage d'Arnaud, intitulé : *De la perpétuité de la foi touchant l'Eucharistie*, et son jugement sur cet excellent travail fut confirmé par plusieurs évêques. La modération et la délicatesse qu'il mit dans la révision des traités sur les *Préjugés légitimes entre le calvinisme* et le *Renversement de la morale de Jésus-Christ par les calvinistes*, fut cause qu'Arnaud lui proposa de corriger la *Version du Nouveau Testament de Mons*, condamnée par le pape. Il fallait faire subir de nombreuses et importantes modifications à ce livre, afin de le purger de toute faute. Bossuet ne recula point devant cette rude charge, et il tint, à ce sujet, plusieurs conférences avec Arnaud, l'abbé de la Lane,

Sacy et Nicole ; mais la mort de M. de Péréfixe, arrivée sur ces entrefaites, arrêta les corrections, qui demeurèrent imparfaites.

La mort presque subite d'Henriette de France, veuve du malheureux Charles Ier, roi d'Angleterre, « fille, femme et mère de tant de rois dont les catastrophes avaient rempli tout l'univers, et dont la vie seule offrait toutes les extrémités des choses humaines, » lui donna l'occasion d'atteindre à la perfection de l'éloquence humaine, et de s'élever à une hauteur où personne n'a pu le suivre. Par l'exemple de la reine de la Grande-Bretagne, par le souvenir de sa majesté, de sa puissance et de ses infortunes, par les leçons de la religion et de la politique, il instruisit les rois et tous ceux qui gouvernent les hommes, prenant pour texte ces paroles de David : « Et maintenant entendez, ô rois de la terre ; instruisez-vous, arbitres du monde. »

La grande idée de Dieu domine tout ce discours, et explique les souffrances et les épreuves de la reine : « Celui qui règne dans les cieux et de qui relèvent tous les empires, à qui seul appartient la gloire, la majesté et l'indépendance, est aussi le seul qui se glorifie de faire la loi aux rois, et de leur donner, quand il lui plaît, de grandes et terribles leçons. Soit qu'il élève les trônes, soit qu'il les abaisse, soit qu'il communique sa puissance aux princes, soit qu'il la retire à lui-même et ne leur laisse que leur propre faiblesse, il leur apprend leur devoir d'une manière souveraine et digne de lui... Vous verrez dans une seule vie toutes les extrémités des choses humaines : la félicité sans bornes aussi bien que les misères ; une longue et paisible jouissance d'une des plus nobles couronnes de l'univers ; tout ce que peuvent donner de plus glorieux la naissance et la grandeur accumulées sur une tête qui ensuite est exposée à tous les outrages de la fortune ; la bonne cause d'abord suivie de bons succès, et depuis, des retours soudains, des changements inouïs ; la rébellion longtemps retenue, à la fin tout-à-fait maîtresse ; nul frein à la licence ; les lois abolies ; la majesté violée par des attentats jusqu'alors inconnus ; l'usurpation et la tyrannie sous le nom de liberté ; une reine fugitive, qui ne trouve aucune retraite dans trois royaumes, et à qui sa propre patrie n'est plus qu'un triste lieu d'exil; neuf voyages sur mer, entrepris par une princesse, malgré les tempêtes; l'Océan étonné de se voir traversé tant de fois en des appareils si divers et pour des causes si différentes; un trône indignement renversé et miraculeusement rétabli. »

Bossuet avait prononcé cette oraison funèbre en présence de madame Henriette d'Angleterre, qui fut si émue des hommages rendus à sa mère et aux malheurs de sa famille, qu'elle conjura le prédicateur de la faire imprimer. Il se rendit avec peine à cette puissante considération, car il ne consentait à publier ses ouvrages que dans un but d'utilité publique. C'est ainsi que la plupart de ses œuvres n'ont point passé à la postérité, ou n'ont vu le jour qu'après sa mort.

Sept mois après avoir fait l'éloge de la mère, Bossuet rendit le même devoir à sa fille, la brillante Henriette-Anne d'Angleterre, duchesse d'Orléans, l'ornement de la cour de Louis XIV. Enrichie de tous les dons de la nature et de l'esprit, passionnée pour les plaisirs, honorée de la confiance royale, elle revenait d'Angleterre, où elle avait accompli heureusement une négociation de la plus haute importance, quand une mort cruelle et douloureuse détruisit toutes ses illusions. Atteinte tout-à-coup de violentes douleurs d'estomac qui déconcertèrent les ressources de la médecine, elle s'aperçut elle-même que sa dernière heure approchait et fit mander Bossuet, entre les mains de qui elle voulait mourir. Quand il arriva, elle s'était déjà confessée à un chanoine austère mais peu consolant ; il se mit en prières près de son lit, fondant en larmes, et récita la recommandation de l'âme ; puis il parla de la foi, de la confiance et de l'amour que Dieu demande de nous, de l'éternité, en des termes pleins d'onction. La princesse, ranimée par ses exhortations, manifesta de grands sentiments de repentir et souffrit ses douleurs avec une parfaite résignation. Comme gage de sa reconnaissance, elle chargea une de ses femmes de chambre de lui remettre, après sa mort, l'émeraude qu'elle avait fait faire pour lui, et qu'il porta toute sa vie. Après neuf heures de souffrances, elle expira dans la paix du Seigneur, à l'âge de vingt-six ans, le 30 juin 1670.

Le cœur de Bossuet se montra égal à son génie, dans l'oraison funèbre de cette princesse.

Bossuet publia cet incomparable discours pour ne pas affliger, par un refus, le duc d'Orléans, plongé dans une amère douleur. En adressant cette oraison funèbre et celle de la reine d'Angleterre à l'abbé de la Trappe, son ami, il lui écrivit : « J'ai laissé ordre de vous faire passer deux oraisons funèbres qui, parce qu'elles font voir le néant du monde, peuvent avoir place parmi les livres d'un solitaire, et qu'en tout cas il peut regarder comme deux têtes de mort assez touchantes. » Ces paroles intimes nous indiquent le cours habituel des pensées de Bossuet, et son dédain pour la gloire, la naissance et la fortune !

Depuis longtemps l'opinion publique l'appelait à l'épiscopat, et le roi attendait une occasion favorable pour l'y élever. Le 13 septembre 1669, il prêchait une prise d'habit, en présence de plusieurs évêques, lorsqu'un courrier de la cour lui apporta sa nomination à l'évêché de Condom. Il avait près de quarante-deux ans. Ses bulles, dont l'expédition avait été retardée par la maladie du pape Clément IX, ne lui arrivèrent qu'au mois de septembre 1670. La cérémonie de son sacre se fit à Pontoise, par son ami Charles-Maurice Le Tellier, en présence des membres de l'assemblée du clergé de France, avec une solennité qui rappela, au dire de l'abbé Ledieu, celle des anciens sacres, et comme en plein concile. Immédiatement après son sacre, Bossuet, selon ses plans adoptés d'avance, devait se rendre dans son diocèse, pour y remplir les fonctions épiscopales et les obligations de son nouveau ministère. Ses aptitudes et ses goûts, comme aussi des marques indubitables de vocation, semblaient lui promettre des jours heureux, passés au milieu des fidèles confiés à ses soins; il entrevoyait l'avenir d'un regard serein et songeait aux réformes à introduire dans son église, lorsque le roi le nomma précepteur de son fils. Il n'était pas possible de résister à un pareil ordre; néanmoins Bossuet hésita avant de donner son consentement, et consulta les ecclésiastiques les plus éclairés. Après bien des hésitations, il brava, selon leurs conseils, les scrupules qui le portaient à préférer son titre d'évêque à tout autre, et crut, sur leur parole, qu'il pouvait opérer plus de bien à la cour que dans son diocèse.

Pour le remplacer momentanément à Condom, il donna ses pouvoirs à l'abbé de Janon, son parent, et l'envoya à Condom avec toutes les instructions nécessaires. Mais, prévoyant qu'il ne pourrait remplir, de cette façon, tous les devoirs de la charge épiscopale, il donna sa démission, et abdiqua l'évêché de Condom, où, disait-il, il devait faire sa résidence, pour avoir le droit de s'en croire le titulaire. Cette délicatesse de conduite révéla, une fois de plus, la grandeur de son âme et la pureté de ses intentions.

III. — Le précepteur du Dauphin.

Bossuet, en prenant possession d'une des premières fonctions de la cour, se trouvait dans un état de gêne pécuniaire, car il avait renoncé à tous ses bénéfices dépendant de l'église de Metz. Les revenus très-modiques d'un prieuré suffisaient à peine à son entretien ; c'est pourquoi il accepta l'abbaye de Saint-Lucien-de-Beauvais, par réelle nécessité.

L'Académie française s'honora elle-même

en recevant Bossuet dans son sein, et en abrégeant, dans cette occasion exceptionnelle, ses formes et ses délais ordinaires. Dans son discours de réception, il ne se renferma point servilement dans le canevas habituel, et parla des devoirs de l'Académie : « La langue française, dit-il, doit avoir la hardiesse qui convient à la liberté mêlée à la retenue, qui est l'effet du jugement et du choix. La licence doit être restreinte par les préceptes. Mais, toutefois, vous prendrez garde qu'une trop scrupuleuse régularité, qu'une délicatesse trop molle n'éteignent le feu des esprits, et n'affaiblissent la vigueur du style ; travaillez à vous surpasser tous les jours vous-mêmes, puisque telle est tout ensemble la grandeur et la faiblesse de l'esprit humain, que nous ne pouvons égaler nos propres idées, tant Celui qui nous a formés a pris soin de marquer son infinité. » Cette dernière phrase renferme un grand sens philosophique, et donne un démenti formel à l'aphorisme trop cité et trop exclusif de Boileau :

>Ce que l'on conçoit bien s'énonce clairement,
>Et les mots, pour le dire, arrivent aisément.

Bossuet se fit un devoir d'assister à toutes

les réunions publiques et aux conférences particulières des académiciens; il lui arriva même de leur dire hautement qu'il trouvait parmi eux le plaisir et l'instruction. La véritable science est humble, et tire parti de toutes les circonstances et des personnes instruites pour augmenter sa richesse. Bossuet, dans le système adopté pour l'éducation du Dauphin, s'entoura d'hommes qui lui étaient inférieurs sans doute, mais qui lui communiquèrent leurs lumières et les fruits de leur expérience. Ces hommes d'élite s'appelaient : Labruyère, Pellisson, l'abbé Renaudot, l'abbé Fleury, Cordemoi, Dodart, Tournefort, Malézieux, Sauveur, Saurin, Valincourt, Varignon, Winslou.

Chez le gouverneur du Dauphin, le duc de Montausier, surnommé le Platon de la cour, profondément attaché aux principes religieux, il trouva un puissant auxiliaire, favorable à ses nobles projets. Le sous-précepteur, le savant Huet, futur évêque d'Avranches, et le lecteur du Dauphin, M. de Cordemoi, homme vertueux et intelligent, entrèrent aussi dans ses vues et le secondèrent de leur mieux. Il lui eût été facile de confier à de tels collègues les soins secondaires de l'enseignement et la surveillance de son élève ; mais, exact à remplir lui-même tous les devoirs de sa charge, il ne le perdait pas de vue pendant la journée et ne le quittait, le soir, qu'après l'avoir vu s'endormir. Il était plus rigoureux encore dans la direction des études.

Afin de posséder toutes les connaissances utiles au succès de son enseignement, il se mit à étudier lui-même tous les auteurs grecs et latins qu'il avait tant aimés dans sa jeunesse. *Le divin Homère*, son auteur de prédilection, lui paraissait le prince des poètes et des orateurs ; à force de le relire, il l'apprit par cœur presque tout entier, et il en récitait avec bonheur de longs fragments. Virgile tenait la seconde place dans ses affections, à cause de la mélodie de ses chants ; puis venaient Horace, Phèdre et Térence, chez qui le cynisme du langage dépare de sublimes inspirations, et que par conséquent on ne doit aimer et louer qu'avec de larges réserves. Sur les marges de ses livres, il écrivait au courant de la lecture, avec le crayon, les remarques et les notes qu'il croyait justes, pour les retrouver ensuite. Jamais le véritable sens d'un mot latin ne lui parut douteux, parce qu'il avait la mémoire ornée de textes et d'exemples qui venaient à l'appui de son sentiment; lorsqu'on discutait, en sa présence, des questions de ce genre, il résolvait la difficulté en citant un vers de Virgile ou une phrase de Cicéron.

Pour ne pas rebuter son disciple, au début de son éducation, il lui facilita l'étude des éléments d'histoire et de grammaire, et lui expliqua clairement toutes les matières qu'il s'agissait d'apprendre. Après lui avoir donné des notions sur la propriété des termes et l'élégance du style, il lui faisait lire chaque ouvrage tout entier, lui en montrait les beautés et les défauts, le plan et les détails, et l'exerçait à retenir de mémoire les morceaux les plus remarquables. Des récits intéressants et instructifs se mêlaient aux études sérieuses, et, sans s'en douter, l'élève aprenait l'histoire des souverains et des pays gouvernés par eux, et surtout les chroniques glorieuses de la France; il redisait de vive voix ce qu'on lui avait raconté, et en écrivait ensuite la rédaction en français et en latin. Le maître corrigeait ce travail, ajoutant ou retranchant ce qui lui paraissait nécessaire.

On commençait la journée par l'étude de la religion, la plus importante de toutes les sciences ; le prince se découvrait pendant la lecture d'un chapitre de l'Ecriture sainte, dont le sens lui était interprété d'après les règles tracées par l'Eglise, gardienne de ce précieux dépôt. Il apprit de bonne heure à voir dans les saintes Lettres la loi de Dieu et le code dogmatique et moral de la société chrétienne.

Bossuet lui enseignait la géographie en faisant, avec lui, de longs voyages sur les cartes, en montrant la situation des villes célèbres dans l'antiquité, des ports les plus fréquentés, l'étendue des royaumes, la longueur des fleuves, en étudiant les mœurs des peuples et leur histoire, car tout convergeait vers la connaissance parfaite de l'histoire, *la maîtresse de la vie humaine et de la politique.*

Au lieu de lui exposer tous les systèmes de philosophie, il ne lui apprit que les maximes sûres et pratiques, comme il le dit lui-même : « Après avoir considéré que la philosophie consiste à rappeler l'esprit à soi-même pour s'élever ensuite jusqu'à Dieu, nous avons d'abord cherché à nous connaître nous-mêmes. Cette étude préliminaire, en nous présentant moins de difficultés, offrait en même temps à nos recherches le but le plus noble ; car, pour devenir un vrai philosophe, l'homme n'a besoin que de s'étudier lui-même ; et sans s'égarer dans les recherches inutiles de ce que les autres ont dit et ont pensé, il n'a qu'à se chercher et à s'interroger lui-même, et il trouvera celui qui lui a donné la faculté d'être, de connaître et de vouloir. » Son traité *de la connaissance de Dieu et de soi-même*, aujourd'hui entre les mains de tous les jeunes gens, fut composé dans ce but. Les chapitres sur l'homme, l'âme, l'union de l'âme et du corps, la connaissance de Dieu par la connaissance que l'homme a de lui-même, égalent les plus belles pages philosophiques de Descartes, Pascal, Malebranche et Leibnitz, et ce qui est bien mieux, n'offrent pas des pages que condamne la vraie philosophie catholique. Dans ce livre, on trouve le premier traité d'anatomie écrit en langue française ! Bossuet avait suivi les leçons du grand anatomiste Duvernay, et était devenu capable d'expliquer les intéressantes questions relatives aux organes et à la constitution du corps humain.

Il adressa au pape Innocent XI un compte-rendu des études de monseigneur le Dauphin, et de son système d'éducation. Cette lettre a fait l'admiration de tous les hommes versés dans l'enseignement. « Maintenant que le cours de ses études est presque achevé, disait-il en terminant son récit, nous avons cru devoir travailler principalement à trois choses. Premièrement, à une *Histoire universelle* qui eût deux parties, dont la première comprît depuis l'origine du monde jusqu'à la chute de l'ancien empire romain, et au commencement de Charlemagne; et la seconde, depuis ce nouvel empire établi par les Français.

» Il y avait déjà longtemps que nous l'avions composée, et même que nous l'avions fait lire au prince; mais nous la repassons maintenant, et nous avons ajouté de nouvelles réflexions qui font entendre toute la suite de la religion et les changements des empires, avec leurs causes profondes, que nous reprenons dès leur origine.

» Dans cet ouvrage, on voit paraître la religion toujours ferme et inébranlable depuis le commencement du monde; le rapport des deux *Testaments* lui donne cette force, et l'*Evangile*, qu'on voit s'élever sur les fondements de la loi, montre une solidité qu'on reconnaît aisément être à toute épreuve. On voit la vérité toujours victorieuse, les hérésies renversées ; l'Eglise, fondée sur la pierre, les abattre par le seul poids d'une autorité si bien établie, et s'affermir avec le temps ; pendant qu'on voit, au contraire, les empires les plus florissants non-seulement s'affaiblir par la suite des années, mais encore se défaire mutuellement, et tomber les uns sur les autres.

» Nous montrons d'où vient d'un côté une si ferme consistance, et de l'autre un état toujours changeant et des ruines inévitables. Cette dernière recherche nous engage à expliquer en peu de mots les lois et les coutumes des Egyptiens, des Assyriens et des Perses ; celles des Grecs, celles des Romains, et celles des temps suivants ; ce que chaque nation a eu dans les siennes qui ait été fatal aux autres et à elle-même, et les exemples que leurs progrès ou leur décadence ont donnés aux siècles futurs.

» Ainsi nous tirons deux fruits de l'histoire universelle. Le premier est de faire voir tout ensemble l'autorité et la sainteté de la religion par sa propre stabilité et sa durée perpétuelle ; le second est que, connaissant ce qui a causé la ruine de chaque empire, nous pouvons, sur leur exemple, trouver les moyens de soutenir les Etats, si fragiles de leur nature, sans toutefois oublier que ces soutiens mêmes sont sujets à la loi commune de la mortalité, qui est attachée aux choses humaines, et qu'il faut porter plus haut ses espérances.

» Par le second ouvrage, nous découvrons les secrets de la politique, les maximes du gouvernement et les sources du droit dans la doctrine et dans les exemples de l'Ecriture sainte. On y voit non-seulement avec quelle piété il faut que les rois servent Dieu ou le fléchissent après l'avoir offensé ; avec quel zèle ils sont obligés de défendre la foi de l'Eglise, à maintenir ses droits et à choisir ses pasteurs, mais encore l'origine de la vie civile ; comment les hommes ont commencé à former leur société ; avec quelle adresse il faut manier les esprits ; comment il faut former le dessein de conduire une guerre, ne l'entreprendre pas sans bon sujet, faire une paix, soutenir l'autorité, faire des lois et régler un Etat : ce qui fait voir clairement que l'Ecriture sainte surpasse autant en prudence qu'en autorité tous les autres livres qui donnent des préceptes pour la vie civile, et qu'on ne voit en nul endroit des maximes aussi sûres pour le gouvernement.

» Le troisième ouvrage comprend les lois et les coutumes particulières du royaume de France. En comparant ce royaume avec tous les autres, on met sous les yeux du prince tout l'état de la chrétienté et même de toute l'Europe. Nous achèverons tous ces desseins autant que le temps et nos moyens pourront le permettre. »

Il est regrettable que ce dernier écrit n'ait pas été achevé, ou qu'on l'ait perdu, car il n'a jamais été compris dans les œuvres de Bossuet. Il eût été pour notre pays ce que le *Discours pour l'Histoire universelle* est pour le monde entier. Cet ouvrage, unique en son genre, fut inspiré à Bossuet, dès sa jeunesse, par la lecture de l'Ecriture sainte et des Pères, et exécuté pendant son séjour près du Dauphin. Il suppose des études préliminaires immenses, car il montre que toutes choses concourent à l'établissement de la religion, et une connaissance réfléchie de l'histoire, de la poésie, de l'éloquence, de la législation, de l'art militaire, des mœurs, de la chronologie, et de la politique de toute l'antiquité. Bossuet, se faisant l'historien de la Providence, y trace l'origine du monde, l'enchaînement des faits depuis Adam jusqu'au Messie, la chute des empires et le renversement des institutions humaines, au sein duquel apparaît le christianisme immuable et divin. Il juge de haut les choses de la terre, en expliquant les desseins de la Providence dans la suite des âges, et, selon une expression connue, il chasse pêle-mêle devant lui, avec une force irrésistible, les siècles et les générations. Lorsqu'il acheva cet immense travail, en 1679, époque du mariage du Dauphin, qui le nomma aumônier de la Dauphine, il s'arrachait aux fêtes et aux réjouissances pour s'enfermer dans son cabinet et compléter son œuvre.

Le *Discours sur l'Histoire universelle*, publié au commencement de l'année 1681, fut accueilli par d'unanimes éloges, dans toute l'Europe, de la part des protestants et des catholiques ; l'auteur en donna trois éditions successives, et pendant quelque temps il occupa toutes les presses de la France et de l'étranger. Bossuet regardait cet ouvrage comme son meilleur écrit, et le fondement de l'apologétique; peu de jours avant sa mort, il se le faisait lire et méditait le chapitre vingt-huitième, répétant « que c'était là où se trouvait la force de tout l'ouvrage, c'est-à-dire la preuve la plus complète de la religion et de la certitude de la révélation contre les ennemis du christianisme; que là paraît véritablement tout ce qui est la pure production de son esprit, que ce sont de nouveaux arguments qui n'ont pas été traités par les saints Pères : nouveaux, puisqu'ils sont faits pour répondre aux nouvelles objections des athées. » Toutes les tentatives faites par divers auteurs pour continuer le *Discours sur l'Histoire* jusqu'à nos jours, ont échoué complètement : on n'improvise pas le génie !

Après avoir appris au Dauphin l'art de gouverner ses sujets par l'exemple des anciens rois, il lui donna les maximes divines sur l'alliance entre la politique et la religion, dans son traité de la *Politique tirée des propres paroles de l'Ecriture sainte.*

Quel fut le résultat d'une éducation dirigée par un aussi habile maître et accomplie au prix de tant de doctes travaux ?... Hélas ! il faut l'avouer avec peine : l'élève ne répondit pas aux soins de son mentor ; d'un tempérament flegmatique, d'un caractère insouciant et paresseux, ce prince prit les livres en telle aversion, qu'il se promit, une fois libre de ses actions, de ne jamais ouvrir un volume, et il tint parole !... Les flammes du génie de Bossuet ne purent éveiller cette âme endormie, cette nature insensible, ce cœur indifférent.

Plus d'un écrivain s'est plu à opposer les succès de Fénélon dans l'éducation du duc de Bourgogne à l'insuccès de Bossuet dans celle du Dauphin, et en a conclu qu'un précepteur n'a pas besoin de talents extraordinaires pourvu qu'il sache s'abaisser, se mettre à la portée de l'enfance et lui communiquer son savoir. Nous avons vu pourtant la patience avec laquelle Bossuet mettait tout en œuvre pour alléger les ennuis de l'étude, et se faire comprendre de son disciple. Ne faut-il pas plutôt chercher la cause de cette différence de résultats dans la différence même des élèves ? Fénelon eut à réformer, dans le duc de Bourgogne, des passions ardentes, un orgueil sans bornes, une imagination désordonnée, mais il avait affaire à une âme généreuse, sensible et courageuse; en extirpant les défauts, il espérait faire croître, en leur place, de solides vertus. Bossuet, au contraire, cultivait une terre aride, incapable de rendre un pour cent, trop ingrate pour produire la moindre plante. Il n'est donc pas étonnant que les fruits de deux arbres de nature opposée, quoique issus du même sol, ne se ressemblent pas! Leibnitz a dit avec raison qu'en réformant l'éducation, on pouvait changer la face du monde; cela n'empêche pas qu'il y aura toujours des sujets rebelles à toute discipline et à toute culture!

Bossuet ne borna pas du reste son ministère à instruire son disciple; il opéra, à la cour de Louis XIV, par son genre de vie et par ses enseignements, des œuvres de salut de la plus haute importance. A côté de l'érudit, nous allons voir le prêtre, le vengeur de la morale, le bon pasteur excitant d'illustres repentirs et déclarant la guerre aux vices du grand roi.

IV. — Bossuet à la cour.

Honoré des ministres, des seigneurs et des ennemis même de la religion, Bossuet se conduisait non en courtisan, mais en évêque des premiers temps de l'Eglise; fidèle à allier les convenances à la simplicité, le travail aux fêtes, il ne donnait au monde que les heures nécessaires, et veillait sur l'intérieur de sa maison avec économie. Le duc de Saint-Simon, amer censeur de cette époque, et par conséquent peu suspect de flatterie, lui rend cet hommage : « Bossuet, écrit-il, était un homme dont les vertus, la droiture et l'honneur étaient aussi inséparables que la science et la vaste érudition. La place de précepteur de M. le Dauphin l'avait familiarisé avec le roi, qui s'était plus d'une fois adressé à lui dans les scrupules de sa vie. Bossuet lui avait souvent parlé là-dessus avec une liberté digne des premiers siècles et des premiers évêques de l'Eglise. Il avait interrompu le cours de ses liaisons plus d'une fois; il avait osé poursuivre le roi, qui lui avait échappé. Il fit à la fin cesser tout commerce, et il acheva de couronner cette grande œuvre par les derniers efforts qui chassèrent pour jamais madame de Montespan de la cour. »

Au rapport d'un autre contemporain, Bossuet vécut à la cour « avec la frugalité et la modestie dont il a fait profession toute sa vie. Sa table était servie d'une manière convenable, mais sans délicatesse et sans profusion; ses meubles très-simples, son équipage modeste, sa maison peu nombreuse et composée des seuls domestiques nécessaires à son service. Sans faste, sans ostentation, sans vains amusements, il ne parut jamais rien sur sa personne que de grave et de sérieux ; on eût cru voir un simple ecclésiastique. » Quelques-uns de ses amis, invités à partager son repas, lui reprochaient plaisamment sa résolution de faire mauvaise chère, dans une cour habituée à toutes les jouissances matérielles. Ils n'en venaient pas moins le visiter assidûment et jouir du charme de ses entretiens; bientôt ils se réunirent, tous les jours, en assez grand nombre, dans ses appartements, et l'accompagnèrent à la promenade, surtout dans une grande allée du parc de Versailles surnommée depuis l'*allée des philosophes*.

Tous, magistrats distingués et ecclésiastiques recommandables, le regardaient comme leur maître, s'instruisaient près de lui en se réjouissant, et traitaient en commun les questions philosophiques et littéraires, où chacun émettait son opinion avec la plus grande liberté. Bossuet avait un mot agréable pour chacun et se sentait heureux au milieu d'un tel entourage, comme Platon enseignant la sagesse à ses disciples sous les arches du Portique !

Les promenades des dimanches et des fêtes furent consacrées exclusivement à l'étude de la Bible ; on lisait un chapitre d'Isaïe, puis le vrai sens des versets était discuté et admis à la pluralité des voix. Comme ses amis, Bossuet préparait d'avance les matériaux de ce travail, et songeait à rédiger un commentaire bref, clair et complet sur chaque livre de la sainte Ecriture, à l'usage des ecclésiastiques à qui les fonctions du ministère ne laissent pas le loisir de consulter les grands commentateurs hérissés d'érudition hébraïque et par-là même peu attrayants. L'abbé Fleury, au retour de la promenade, écrivait, sur les marges de la grande Bible de Vitré, le résultat de la conférence, que la cour appelait le *Concile*. Ces notes, revues et augmentées par Bossuet, formèrent ses *Commentaires* sur la Bible, fort estimés de nos jours.

Pellisson demanda, comme une faveur, l'autorisation d'assister à ces graves promenades, *uniquement pour écouter*, mais bientôt il se mit à l'œuvre commune et y concourut activement et avec succès. Le jeune abbé de Fénelon en fit partie et se lia avec Bossuet d'une étroite amitié, dont les liens, relâchés un instant lors des discussions du *Quiétisme*, se renouèrent pour toujours. Les hommes les plus célèbres du temps accouraient autour de Bossuet, attirés par l'ascendant de son génie et de sa vertu, et non par l'espoir d'obtenir son appui auprès des princes, car il ne se servit jamais de sa position ni de son crédit pour élever ses parents ou ses amis !

En publiant, en 1691, ses *Dissertations sur les Psaumes*, il les fit précéder d'une introduction regardée comme un de ses meilleurs écrits au point de vue de l'éloquence et de la doctrine. Après avoir distingué les psaumes *moraux* renfermant des règles de conduite, les *déprécatifs* ou prières à Dieu, les *historiques* et les *prophétiques*, il les explique avec une justesse admirable. Il dédiait ce livre aux prêtres du diocèse de Meaux, et leur annonçait son ferme dessein de vieillir et de mourir sur les saints Livres.

La conférence qu'il eut avec le ministre protestant, le fameux Jean Claude, amena la conversion de mademoiselle de Duras et porta un terrible coup au parti des réformés. Après avoir lu l'*Exposition de la doctrine catholique* par Bossuet, cette vertueuse nièce de Turenne conçut quelques doutes sur la religion de son enfance et les soumit au ministre Claude, et le pria de discuter, en sa présence, avec Bossuet, les difficultés qui tourmentaient son esprit. Les deux représentants de l'Eglise romaine et de l'Eglise protestante se réunirent, le 1er mars 1678, chez la comtesse de Roye. L'entretien dura cinq heures et roula spécialement sur l'autorité de l'Eglise. Bossuet, calme et poli, réduisit son adversaire au silence, tout en proclamant son adresse à chercher des subterfuges; il lui proposa une seconde conférence que Claude se garda bien d'accepter.

Mademoiselle de Duras promit immédiatement d'abjurer le calvinisme, devint une fervente catholique et mourut, en 1689, après avoir reçu les derniers sacrements de la main de Bossuet. Une relation exacte de l'entretien fut publiée à la demande des personnes qui y avaient assisté. Claude essaya d'en atténuer l'influence, par une brochure remplie de mensonges. « La relation de Claude, répliqua Bossuet, ne fait honneur ni à lui ni à moi. Mais partout où il dira qu'il n'a pas avoué ce que je lui fais avouer dans le récit de la conférence, je m'engage à tirer encore de lui le même aveu ; et partout où il dira qu'il n'est pas demeuré sans réponse, je le forcerai, sans autres arguments que ceux qu'il a déjà ouïs, à des réponses si visiblement absurdes, que tout homme de bon sens avouera qu'il valait encore mieux se taire que de s'en être servi. » La vérité seule peut communiquer pareille audace et une si douce assurance à ses défenseurs.

On connaît la touchante histoire de mademoiselle de La Vallière, et la part que

Bossuet prit à sa conversion et à son entrée chez les Carmélites. Louise, fille du marquis de La Vallière, gouverneur d'Amboise, se fit remarquer, dans son enfance, par un caractère de sagesse que la cour entière sut apprécier. Devenue fille d'honneur d'Henriette d'Angleterre; entourée d'hommages rendus également à la bonté de son âme, à sa douceur et à ses qualités extérieures; douée d'un cœur sensible, elle ne sut pas résister à la passion du monarque. Dans ce temps d'illusions où tout paraissait contribuer à l'agrément de sa vie, elle éprouvait au-dedans d'elle-même une humiliation qui ne lui laissait pas de repos, même au sein des plaisirs. Les sentiments religieux, conservés dans toute leur intégrité, la faisaient gémir sur sa propre faiblesse, et lui inspiraient constamment le désir de rentrer dans le chemin de la vertu. Elle affectionnait les personnes pieuses de la cour, spécialement le maréchal de Bellefonds, qui la mit en rapport avec sa sœur, la supérieure du Carmel de Paris, et Bossuet, dont la voix sévère l'exhortait à rompre de coupables chaînes et à vaincre son cœur.

En 1674, après avoir suivi les exercices du

carême prêché par Bourdaloue, elle songea à expier sa vie passée, à réparer ses scandales, à se retirer du monde, à chercher dans le cloître un asile contre la séduction et un abri pour son repentir. Rien ne l'arrêta, ni la colère de Louis XIV, ni les railleries des courtisans, ni la voix de ses enfants, dont elle pleurait la naissance, avant d'en pleurer la mort. Elle n'avait pas encore atteint sa trentième année quand elle entra chez les Carmélites, où elle prit le nom de sœur Louise de la Miséricorde; pendant tout le reste de sa vie, qui ne fut qu'une longue suite de souffrances, elle pratiqua les austérités et les macérations les plus effrayantes.

Des douleurs de tête continuelles, des rhumatismes qui disloquèrent ses membres, s'ajoutèrent à ses pénitences volontaires. Tous les jours, elle se levait deux heures avant ses compagnes, pour se prosterner devant le saint Sacrement; elle partageait tous les travaux pénibles du monastère, et remplissait avec scrupule les plus minimes prescriptions de la règle. Un jour de Vendredi-Saint, elle se souvint qu'autrefois, dans une partie de chasse, elle avait bu avec volupté des rafraîchissements délicieux, et considérant le fiel et le vinaigre dont Jésus fut abreuvé sur la croix, elle résolut de se priver de toute boisson. Pendant trois semaines, elle ne prit pas une seule goutte d'eau, et pendant trois ans entiers elle se contenta d'en boire un demi-verre par jour, malgré des maux d'estomac qui la réduisaient à une extrême faiblesse. On conçoit à peine qu'une femme délicate, élevée dans toutes les satisfactions de l'opulence, habituée aux mille raffinements du luxe, ait pu supporter pendant trente-six ans d'aussi grandes épreuves. Elle mourut en 1710, à l'âge de soixante-six ans. On publia, sans son aveu, ses consolantes *Réflexions sur la miséricorde de Dieu*, ouvrage plein d'onction et de piété, et que tout pécheur doit méditer pour se convertir courageusement et espérer en Dieu sans crainte.

Bossuet prêcha le jour de la profession de mademoiselle de La Vallière, conduite à l'autel par la reine qu'elle avait blessée dans ses affections les plus chères, assistée par la duchesse de Longueville, l'héroïne de la Fronde, expiant dans le cloître, depuis vingt ans, les fautes de sa jeunesse. L'élite de la société parisienne s'était rendue à cette cérémonie, où les souvenirs et les enseignements parlaient d'eux-mêmes. Le sujet présentait de sérieuses difficultés que l'orateur fit servir au bien des assistants et à l'éloge de la vertu.

Evitant de parler même indirectement des circonstances délicates qui avaient amené cette conversion, et des personnages qui l'avaient entravée, il traita du spectacle admirable que Dieu nous présente dans le renouvellement du cœur humain partagé entre deux amours, de la chute de l'âme qui cherche sa félicité hors de Dieu, et de la manière dont elle finit par aimer Dieu, par une vie pénitente montrée très-possible par l'exemple de madame de La Vallière. S'adressant tout d'abord à la reine, il lui dit : « Voici un objet digne de la présence et des yeux d'une si pieuse reine. Votre Majesté ne vient pas ici pour apporter les pompes mondaines dans la solitude : son humilité la sollicite à venir prendre part aux abaissements de la vie religieuse ; et il est juste que faisant par votre état une part si considérable des grandeurs du monde, vous assistiez quelquefois aux cérémonies où on apprend à les mépriser. Admirez donc avec nous ces grands changements de la main de Dieu. Il n'y a plus rien ici de l'ancienne forme, tout est changé au-dehors : ce qui se fait au-dedans est encore plus nouveau : et moi, pour célébrer ces nouveautés saintes, je romps un silence de tant d'années, je fais entendre une voix que les chaires ne connaissent plus. »

Les larmes coulèrent de tous les yeux des auditeurs, lorsque Bossuet étendant la main vers la sœur Louise, lui dit d'un ton inspiré: « Et vous, ma sœur, descendez, allez à l'autel; victime de la pénitence, allez achever votre sacrifice : le feu est allumé, l'encens est prêt, le glaive est tiré : le glaive, c'est la parole qui sépare l'âme d'avec elle-même pour l'attacher uniquement à son Dieu. Le sacré pontife vous attend avec ce voile mystérieux que vous demandez. Enveloppez-vous dans ce voile; vivez cachée à vous-même aussi bien qu'à tout le monde; et connue de Dieu, échappez-vous à vous-même, sortez de vous-même, et prenez un si noble essor, que vous ne trouviez de repos que dans l'essence du Père, du Fils et du Saint-Esprit. »

Bossuet sut encore conduire à Dieu madame de Montespan, qui occupa pendant dix ans, dans le cœur de Louis XIV, la place de mademoiselle de La Vallière. M. de Montausier ajouta sa parole à celle de Bossuet, et décida le roi à s'arracher à une liaison coupable. Plusieurs fois, l'orgueilleuse et adroite favorite employa les flatteries et les menaces pour engager Bossuet à ne point alarmer la conscience du roi. Le digne prélat eut de fréquents entretiens avec elle, lui prouva qu'il n'était point son ennemi, mais plutôt l'ami de son âme, et ne manqua pas une occasion d'éveiller les remords dans cette arrogante courtisane. Il ne cessa de poursuivre le roi de ses exhortations à tenir la promesse qu'il lui avait faite de briser cette chaîne, et il réussit enfin à le guérir de sa folle passion.

La religion, à laquelle madame de Montespan était demeurée fidèle, en apparence, pendant ses désordres, consola ses derniers jours. Retirée chez les religieuses de la communauté de Saint-Joseph qu'elle avait fondée aux jours de sa splendeur, elle expia ses fautes par la pénitence, le jeûne, les aumônes et le travail pour les pauvres.

Elle y mourut à l'âge de soixante-six ans, en 1707, dans les sentiments de la piété chrétienne, bénissant celui qui lui avait ouvert le chemin du ciel!

Après avoir achevé l'éducation du Dauphin, Bossuet fut retenu à la cour, malgré lui, par ses fonctions d'aumônier de madame la Dauphine. Les églises de Lyon, de Sens, de Beauvais et de Châlons-sur-Marne le demandèrent pour leur pasteur, mais le roi n'accéda pas à ces honorables démarches, puisqu'il désirait garder Bossuet à proximité de la cour, afin de pouvoir l'appeler près de lui quand il aurait besoin de ses conseils. Il le nomma évêque de Meaux, en 1681, et pour témoigner l'importance de cette nomination, il chargea l'archevêque de Paris de l'annoncer à l'assemblée des évêques réunis à Paris.

Bossuet écrivit à son ami, l'abbé de Rancé, qu'il voulait passer quelques jours avec lui, à la Trappe, dans l'intention de se préparer, par l'oraison et la retraite, à remplir ses obligations épiscopales. Son projet ne put se réaliser, parce que le clergé de la métropole de Paris le nomma député à la célèbre assemblée générale du clergé de France, et le chargea de prononcer le sermon d'ouverture.

Bossuet donna son discours sur l'*unité de l'Eglise :* « Ce sermon, qu'il prêcha si à propos, avec le succès le plus inouï et le mieux mérité, me paraît le plus beau discours pour la chaire, et par conséquent incomparablement le plus magnifique ouvrage de ce genre qui ait jamais été composé dans aucune langue, raconte le cardinal Maury. C'est une création oratoire absolument à part, un prodige d'érudition, d'éloquence, de sagesse et de génie. L'exorde est le plus admirable qui ait jamais été fait ; c'est la verve, l'inspiration, la magnificence d'allégorie d'un prophète. » Il commença par professer son dévouement au Saint-Siége et par l'inspirer à tous les prélats français.

Louis XIV, après avoir lu ce discours, en ordonna l'impression ; l'assemblée partagea son avis, et l'on vit pour la première fois un sermon publié par ordre d'une assemblée du clergé. Rome accueillit une profession de foi où l'orateur avait exprimé avec tant d'éloquence le respect et l'attachement dus au Saint-Siége.

Bossuet joua un grand rôle dans la *Décla-*

ration du clergé français de 1682. Mais il tarda peu à reconnaître que ces libertés de l'Eglise gallicane n'étaient au fond que des servitudes, et que le gallicanisme n'était qu'un schisme véritable. S'il eût vécu de nos jours, il aurait été un des premiers à proclamer l'infaillibilité doctrinale du pape.

Jusque-là, le bien opéré par son zèle sur un vaste théâtre, sa conduite édifiante à la cour, ses prédications solennelles, ses études et ses écrits nous ont paru admirables en tout point. Cependant on ne connaîtrait pas Bossuet, si on ne le considérait qu'à ce point de vue; pour avoir une connaissance approfondie de ses vertus et de son génie, de sa charité et de sa prudence, il faut le suivre dans le gouvernement de son diocèse de Meaux !

V. — Vie de l'évêque de Meaux.

Dès que l'accord se fut établi entre l'Eglise et Louis XIV, Bossuet se hâta de prendre possession de son diocèse et de s'occuper uniquement de ses nouvelles et saintes fonctions. Après quelques jours de retraite dans sa maison de campagne de Germigny, il ouvrit lui-même les exercices du carême par la cérémonie des Cendres. Dans un discours dont ses auditeurs furent émerveillés, il leur annonça sa ferme résolution de se consacrer à leur instruction religieuse, et de prêcher toutes les fois qu'il officierait dans sa cathédrale; jamais il ne faillit à cette promesse.

Son ami l'abbé de Rancé le reçut, pour la première fois, dans son monastère de la Trappe, où cet illustre pénitent réparait les égarements d'une jeunesse volage. Bossuet voulait s'instruire de ses devoirs épiscopaux à cette sévère école, ranimer sa piété par les exemples de tant de saints religieux voués à une vie plus céleste qu'humaine. Pendant huit jours, il s'associait à toutes leurs pratiques, mangeait à leur table leurs grossiers aliments, ne buvait que de l'eau, pratiquait l'abstinence, assistait aux offices de la nuit, et édifiait les religieux par sa régularité. Avant l'heure des vêpres, il se promenait, sur le bord d'un étang, avec l'abbé de Rancé, et lui demandait le fruit de ses méditations sur la sainte Ecriture, ou tel point de doctrine controversé entre les théologiens. Huit fois, pendant le cours de son épiscopat, il revint passer une semaine à la Trappe, le lieu du monde, disait-il, où il se plaisait le plus après son diocèse. Le silence, la solitude, la célébration solennelle des offices, le chant du *Salve Regina*, qui a là une beauté incomparable et exceptionnelle, le plongeaient dans une douce mélancolie et reposaient son âme du tracas des affaires. L'abbé de Rancé attendait avec impatience les visites du grand évêque et les regardait comme de véritables grâces de la Providence ; se sentant près de sa fin, il s'écriait : Je mourrai content, si je puis le voir ici encore une fois et recevoir sa sainte bénédiction.

En mettant la main à l'administration de son diocèse, il s'occupa en premier lieu du séminaire de Meaux, où bientôt fleurirent l'amour de l'étude, la discipline et la pratique des vertus sacerdotales. Il voulait à tout prix habituer de bonne heure les élèves à parler en public, et regardait cet exercice comme le plus important de l'éducation clériale, répétant sans cesse que le ministère de la parole est le véritable ministère confié à l'Eglise par Jésus-Christ pour la conversion des hommes. A ses curés, réunis tous les ans dans un synode, il recommandait les discours simples et sans vaines figures de rhétorique : « Abandonnez-vous, disait-il, aux seuls mouvements de la charité chrétienne, et l'Esprit-Saint vous inspirera les paroles que vous devez dire. Ce n'est pas l'homme qui parle, qui agit, mais Dieu seul qui se fait entendre par son organe, et qui agit seul par sa grâce toute-puissante. » Lui-même donnait l'exemple de cette prédication véritablement apostolique ; pendant son épiscopat à Meaux, il n'écrivait point ses magnifiques sermons sur les mystères de la religion, se contentant d'indiquer le texte et les principales divisions du sujet. Avant de monter en chaire, il s'enfermait dans sa chambre et méditait, à genoux et nu-tête, quelques chapitres de l'Evangile.

Malgré ses infirmités, il trouva, même dans sa vieillesse, la force de continuer ses instructions habituelles, dans sa cathédrale. La dernière fois qu'il parla à son peuple, il l'exhorta à la fréquente communion, et comme averti de sa fin prochaine, il s'écria : « Je veux que vous vous souveniez qu'un certain évêque, votre pasteur, qui faisait profession de prêcher la vérité et de la soutenir sans déguisement, a recueilli en un seul discours les vérités capitales de votre salut. »

Les missions pour la conversion des protestants lui paraissaient capables de produire d'heureux fruits de salut ; aussi appela-t-il bientôt Fénelon, l'abbé Fleury et les pères de l'Oratoire, pour l'aider dans sa pieuse entreprise. Non content d'admettre Fénelon dans son intimité, il l'associait ainsi à ses œuvres de zèle. Il s'occupa spécialement des conférences ecclésiastiques, instituées par ses prédécesseurs, mais peu suivies et mal organisées par suite de l'esprit de relâchement qui se glisse dans les meilleures institutions si l'on n'y prend garde; il s'occupa lui-même des matières qui en devaient être le sujet, assista régulièrement aux réunions et apprit au clergé de la campagne à se servir d'un langage tout à la fois familier et évangélique, dans les instructions adressées aux ignorants.

Quoique accablé de travaux de tous genres, Bossuet a toujours passé pour un des évêques les plus assidus à visiter leurs diocèses. Ce génie ne craignait pas de descendre dans les plus misérables chaumières, de prêcher dans les moindres hameaux, d'examiner en personne les moindres détails de l'administration ecclésiastique, des pauvres ressources des églises et des confréries instituées dans les paroisses. Aucune fatigue ne l'arrêtait dans ses courses apostoliques, faites le plus souvent pendant la mauvaise saison, parce qu'il lui était plus facile, à cette époque de l'année, de voir les paysans délivrés de leurs travaux, et de les instruire. Tous ceux qui recevaient ainsi la visite du bon évêque racontaient à leurs enfants avec quelle tendresse et quelle douceur il prêchait au peuple ; ils ne croyaient pas avoir entendu le plus grand orateur de son siècle, mais ils le proclamaient le meilleur des pères !

Le soin des malades et des pauvres attirait son attention toute particulière ; non content de visiter souvent les hôpitaux, d'y laisser d'abondantes aumônes, il s'assurait par lui-même de leurs ressources et du bon emploi qui en était fait, indiquant les meilleurs moyens de soulager les malheureux. Dans une année de disette, il multiplia tellement ses largesses, que son économe fut obligé de lui conseiller un peu de modération. Il répondit simplement : « Pour les diminuer, je n'en ferai rien ; et pour faire de l'argent en cette occasion, je vendrai tout ce que j'ai. » Afin de s'assurer que personne ne souffrait de la faim, il assistait à la distribution des aumônes réparties entre tous les pauvres qui se présentaient à sa porte.

Dans ses rapports intimes avec ses prêtres, Bossuet conservait une mansuétude qui lui attirait tous les cœurs, sachant récompenser le mérite et corriger les abus avec une délicatesse qui n'offensait personne. Chaque année, il les réunissait en synode, leur adressait des remontrances générales sur la réforme des mœurs et le maintien de la discipline, sans jamais adresser même indirectement des remontrances particulières. Il faut, disait-il, qu'un évêque instruise plutôt que de faire des procédures : on n'appelle point de la parole de Dieu ; et de fait, envers les coupables de quelques fautes, il employait la douceur et non les moyens de rigueur, faisait appel à la conscience plutôt qu'à l'autorité. C'est bien le meilleur mode de gouvernement que celui de la persuasion.

Son *catéchisme* à l'usage du diocèse de Meaux, publié au synode de 1686, renferme toute l'exposition de la doctrine catholique, divisée en trois parties spéciales : aux enfants, à ceux qui se préparent à la première communion, et aux grandes personnes. Chaque âge y trouve des leçons convenables, à la portée des intelligences les plus paresseuses, car Bossuet savait se faire tout à tous et parler à chacun le langage qui lui convenait. Aux parents il confiait la première éducation de leurs enfants et le soin de leur enseigner le catéchisme : « Il n'y a point de père ni de mère de famille, disait-il, qui ne doive souvent repasser son catéchisme, et le relire avec attention. Les principes de la religion chrétienne, contenus dans le catéchisme, ont cela de grand, que plus on les relit, plus on y découvre de vérités. » A la publication si importante du catéchisme, il ajouta celle des *Prières ecclésiastiques,* ou recueil d'oraisons faciles à retenir, de méthodes pour bien entendre la messe et sanctifier toutes les actions de la journée. Il les composa, comme il l'annonce dans la préface, afin « d'aider les plus ignorants qui ne sont pas en état de faire de plus hautes méditations ; les plus pauvres, qui n'ont pas le moyen d'acheter d'autres livres ; et enfin les plus occupés, qui n'ont pas le temps de faire de longues lectures. » Rien n'échappait à sa sollicitude pastorale ; et les protestants, comme nous le verrons dans une étude spéciale, avaient autant de part que les catholiques à ses bienfaits et à sa charité.

Les religieuses, cette intéressante partie de son troupeau, trouvèrent en lui un directeur éclairé et un conseiller prudent, toujours prêt à les entendre, comme s'il eût été uniquement occupé d'elles. On trouve dans sa correspondance plus de sept cents lettres de direction adressées à de simples religieuses, qui font voir sa connaissance de la vie intérieure et son habileté à conduire les âmes à la perfection, son inaltérable patience à résoudre les peines de conscience de ces bonnes religieuses, et son indulgence envers leurs petites exigences. Comment pouvait-il trouver les loisirs suffisants pour écrire tant de lettres, composer tant d'ouvrages, entreprendre tant de pieuses fondations? On a toujours assez de temps lorsqu'on sait bien l'employer. C'est pour les religieuses qu'il écrivit deux de ses plus beaux livres : les *Élévations sur les mystères* et les *Méditations sur l'Évangile*. Ceux qui ne les ont pas lus, au dire de La Harpe, ne connaissent pas tout Bossuet. Dans le premier, il étudie la religion depuis sa naissance jusqu'à la prédication de Jésus; dans le second, il étudie les vérités apportées au monde par notre divin Sauveur; dans tous les deux, il fait aimer la morale chrétienne, la religion et les hommes. Les temps n'ont fait que confirmer le haut mérite de ces deux chefs-d'œuvre.

En travaillant au bien spirituel des communautés, Bossuet se préoccupa de faire rentrer sous sa juridiction celles qui s'y étaient dérobées, et à réformer certains usages introduits par le relâchement ou la mollesse. Henriette de Lorraine, abbesse de Jouarre, refusa de se soumettre et de sacrifier une indépendance qui flattait son aristocratique orgueil, malgré l'arrêt du parlement qui l'avait déclarée soumise à l'autorité épiscopale. Bossuet ne fléchit point et maintint ses droits avec calme et douceur, et les fit prévaloir. Une nouvelle abbesse, madame de Soubise, imagina de s'attribuer à elle seule la faculté de recevoir les nouvelles religieuses, au lieu d'avoir recours aux élections de toute la communauté, selon la règle. Bossuet lui écrivit en ces termes : « Ne vous laissez pas tromper par ceux qui veulent vous inspirer de plaider plutôt que d'obéir. Nous avons un trop habile métropolitain pour entrer avec moi dans ces discussions, dont il n'a non plus à se mêler que de la conduite de mon séminaire ; et d'ailleurs trouvera-t-il mauvais que je me conforme aux usages de son diocèse, à l'exemple de la métropole ? Si vous n'écoutez que Dieu seul et votre conscience, vous m'écouterez. Ne croyez pas vous abaisser en vous humiliant devant celui qui vous tient lieu de Jésus-Christ. Ne croyez pas vous élever en lui résistant ; car tout cela est du monde et de l'esprit de grandeur auquel vous avez renoncé, et dont il ne faut pas garder le moindre reste. Ne croyez pas que l'obéissance ne soit qu'en paroles, comme si la reconnaissance de la supériorité ecclésiastique ne consistait qu'en compliments. Il faut en venir aux effets quand on veut être vraiment religieuse et vraiment humble. » Cette leçon suffit pour ramener l'abbesse à l'obéissance envers son évêque.

Bossuet se livrait, même pendant la nuit, à ses études, afin d'avoir l'esprit plus libre et plus dispos. Après un sommeil de quatre heures, il se levait régulièrement; et après la récitation de matines et laudes, il s'installait devant son bureau jusqu'à ce que la fatigue ou le sommeil l'obligeât à se remettre au lit. Durant les plus grands froids de l'hiver, il restait fidèle à son habitude, aussi exactement qu'en été; seulement il avait soin de s'envelopper d'une peau d'ours et de deux robes de chambre. Nous sommes redevables à ces veilles de plusieurs écrits qu'il n'aurait pas eu le temps de composer pendant le jour. Quand les ouvriers, en se rendant au travail, avant l'aurore, apercevaient du feu dans la chambre de Bossuet, ils se disaient : Voici l'étoile de notre bon évêque qui se lève !

Il avait soin de ne pas perdre une minute de temps dans les conversations inutiles, car il en connaissait tout le prix. « Je suis fort peu régulier en visites, disait-il, ou plutôt je suis assez régulier à n'en guère faire. On m'excuse parce qu'on sait bien que ce n'est ni par gloire, ni par dédain, ni par indifférence; et moi, je me garantis d'une perte de temps infini. » Quand il rendait les visites d'usage, il édifiait autant par sa gracieuse politesse que par son attention à ne jamais dire un mot de sa personne ou de ses travaux : « On doit parler de soi le moins qu'on peut ; on ne dit jamais que des impertinences quand on parle de soi. » Son bonheur consistait dans l'accomplissement de ses devoirs et dans une application continuelle à l'étude; à l'âge de soixante ans il n'hésita pas à apprendre l'hébreu pour lire les saintes Lettres dans la langue où elles furent écrites.

Dans son intérieur, il ne pensait pas seulement à ses livres, mais aussi à ses amis et à ses domestiques, qu'il réunissait chaque soir, à l'heure de la prière, et dont il protégeait toujours les intérêts. Parmi les personnes qui recherchèrent son amitié, il préféra celles qu'une conformité de vues et de vertus rendait plus utiles à l'Eglise. Les amis qu'il avait laissés à la cour ne l'oublièrent point, parce qu'ils s'étaient attachés sincèrement à lui et non à sa fortune. Parmi les principaux, on remarque le savant abbé Fleury ; Malézieu, qu'il plaça près du comte du Maine ; Valincourt, le géomètre Sauveur, d'Ormessont, à qui il procura d'honorables emplois ; Herbelot et Galland, les premiers orientalistes français ; le liturgiste Renaudot ; Pélisson, illustré par sa défense de Fouquet ; La Bruyère, dont il distingua les talents ; Boileau, dont il corrigea l'épître sur l'amour de Dieu ; Racine, qu'il consola de l'indifférence des contemporains envers *Athalie* ; le poète latin Santeuil, à qui il reprochait l'emploi des figures mythologiques dans ses hymnes ; l'abbé de Saint-Luc, aumônier du roi ; l'historien Cordemoi ; l'abbé de Vares ; Fénelon, avec qui il fut parfois en désaccord d'opinions, mais jamais de sentiments ; le grand Condé. Toute cette phalange d'amis se plaisait à visiter le prélat, qui les recevait tendrement dans sa maison de campagne de Germigny, et, comme un souverain entouré de sa cour, il se promenait en illustre compagnie sur les bords de la Marne. Les étrangers de distinction sollicitaient la faveur d'être admis dans sa retraite et ne voulaient pas traverser la France sans avoir vu de près une de ses gloires les plus pures !

Les prédicateurs de quelque renom ne croyaient point avoir fait de progrès en éloquence tant qu'ils n'avaient pas mérité les éloges de Bossuet. Il prédit les succès de Bourdaloue et de Massillon, ses deux successeurs dans les principales chaires de Paris. Lorsque les ecclésiastiques lui adressaient, en chaire, des compliments trop flatteurs, il ne manquait jamais de leur en témoigner son mécontentement; un chanoine ayant parlé de sa prochaine promotion à la place de commandeur du Saint-Esprit, il le blâma hautement de cette fausse rumeur, disant qu'on lui faisait tort en tenant de semblables discours à son sujet, comme si on ne connaissait pas ses pensées à l'égard des honneurs mondains.

Chaque jour, il relisait ces paroles de saint Augustin pour se maintenir dans l'humilité et la ferveur : « Je n'ai pas assez de présomption pour oser me flatter de n'avoir donné à aucun de vous un juste sujet de se plaindre de moi depuis que j'exerce les fonctions de l'épiscopat. Si donc, accablé des soins et des embarras de mon ministère, je n'ai pas accordé audience à celui qui me la demandait, ou si je l'ai reçu d'un air triste et chagrin ; si j'ai parlé à quelqu'un avec dureté ; si par mes réponses indiscrètes j'ai contristé le cœur de l'affligé qui implorait mon secours ; si, distrait par d'autres pensées, j'ai différé ou négligé d'assister le pauvre et lui ai témoigné par un regard sévère être importuné de ses instances ; si enfin j'ai fait paraître trop de sensibilité pour les faux soupçons qu'on formait contre moi ; et si, par un effet de la fragilité humaine, j'en ai conçu moi-même d'injustes : vous, hélas ! à qui je me confesse redevable pour toutes ces fautes, pardonnez-les-moi, je vous en conjure, et vous obtiendrez ainsi vous-mêmes le pardon de vos péchés. »

Dans toute sa vie privée, Bossuet s'appliquait à retracer les exemples de saint François de Sales et les enseignements de l'évêque d'Hippone ; à acquérir la douceur de l'un et l'énergie de l'autre ; à montrer à ses brebis la tendresse d'une mère et aux ennemis de l'Eglise le courage d'un athlète.

VI. — Bossuet orateur et historien.

Depuis treize ans, Bossuet n'était point sorti de sa solitude pour prêcher aux grands les vanités de la terre, lorsque la mort de Marie-Thérèse, reine de France, l'obligea de prononcer une oraison funèbre, malgré son éloignement pour ces sortes de discours. L'éloge d'une princesse pieuse, détachée des plaisirs et des honneurs, mais étrangère à tout événement mémorable, présentait un sujet assez ingrat. Malgré les preuves de respect que lui donnait Louis XIV, qui s'écria en apprenant sa mort : « Depuis vingt-trois ans que je vivais avec elle, je n'ai point eu d'autre chagrin de sa part que celui de l'avoir perdue, » elle avait beaucoup souffert des froideurs de son époux et caché ses peines à tous les regards. Bossuet raconta cette vie simple et méritoire devant Dieu avec un accent ému, et présenta le contraste de ses grandeurs et de ses vertus.

Deux ans après avoir prononcé l'éloge de la reine, Bossuet eut à faire celui d'Anne de Gonzague, princesse palatine, célèbre dans les intrigues de la Fronde et ramenée à ses devoirs par une conversion presque miraculeuse. La Harpe appelle cette oraison funèbre le plus sublime de tous les sermons. On y voit en effet la fécondité et la force du génie de Bossuet plus clairement que dans les précédentes. Ce tableau de la cour d'Anne d'Autriche n'est il pas un chef-d'œuvre ?

« Pour la plonger entièrement dans l'amour du monde, il fallait ce dernier malheur : quoi ? la faveur de la cour. La cour veut toujours unir les plaisirs avec les affaires. Par un mélange étonnant, il n'y a rien de plus sérieux, ni ensemble de plus enjoué. Enfoncez : vous trouverez partout des intérêts cachés, des jalousies délicates qui causent une extrême sensibilité, et dans une ardente ambition des soins et un sérieux aussi triste qu'il est vain. Tout est couvert d'un air gai, et vous diriez qu'on ne songe qu'à s'y divertir. Le génie de la princesse palatine se trouva également propre aux divertissements et aux affaires. La cour ne vit jamais rien de plus engageant; et sans parler de sa pénétration, ni de la fertilité infinie de ses expédients, tout cédait au charme secret de ses entretiens. Que vois-je durant ce temps? Quel trouble! quel affreux spectacle se présente ici à mes yeux! La monarchie ébranlée jusqu'aux fondements, la guerre civile, la guerre étrangère, le feu au-dedans et au-dehors; les remèdes de tous côtés plus dangereux que les maux, les princes arrêtés avec grand péril, et délivrés avec un péril plus grand encore ; ce prince que l'on regardait comme le héros de son siècle, rendu inutile à sa patrie dont il avait été le soutien, et ensuite, je ne sais comment, contre sa propre inclination, armé contre elle; un ministre persécuté, et devenu nécessaire, non-seulement par l'importance de ses services, mais encore par ses malheurs, où l'autorité souveraine était engagée. Que dirai-je? Etait-ce là de ces tempêtes, par où le ciel a besoin de se décharger quelquefois? et le calme profond de nos jours devait-il être précédé par de tels orages? Ou bien étaient-ce les derniers efforts d'une liberté remuante, qui allait céder la place à l'autorité légitime? Ou bien était-ce comme un travail de la France prête à enfanter le règne miraculeux de Louis? Non, non; c'est Dieu qui voulait montrer qu'il donne la mort et qu'il ressuscite; qu'il plonge jusqu'aux enfers et qu'il en retire; qu'il secoue la terre, et la brise, et qu'il guérit en un moment toutes ses brisures. Ce fut là que la princesse palatine signala sa fidélité, et fit paraître toutes les richesses de son esprit. Je ne dis rien qui ne soit connu. Toujours fidèle à l'Etat et à la grande reine Anne d'Autriche, on sait qu'avec le secret de cette princesse elle eut encore celui de tous les partis : tant elle était pénétrante, tant elle s'attirait de confiance, tant il lui était naturel de gagner les cœurs! Elle déclarait aux chefs de parti jusqu'où elle pouvait s'engager, et on la croyait incapable ni de tromper ni d'être trompée. Mais son caractère particulier était de concilier les intérêts opposés, et en s'élevant au-dessus, de trouver le secret endroit, et comme le nœud par où on les peut réunir. Que lui servirent ses rares talents? que lui servit d'avoir mérité la confiance intime de la cour? d'en soutenir le ministre deux fois éloigné, contre sa mauvaise fortune, contre ses propres frayeurs, contre la malignité de ses ennemis, et enfin contre ses amis, ou partagés, ou irrésolus, ou infidèles? Que ne lui promit-on pas dans ces besoins! Mais quel fruit lui en revint-il? sinon de connaître par expérience le faible des grands politiques; leurs volontés changeantes, ou leurs paroles trompeuses; la diverse face des temps; les amusements des promesses; l'illusion des amitiés de la terre, qui s'en vont avec les années et les intérêts; et la profonde obscurité du cœur de l'homme, qui ne sait jamais ce qu'il voudra, qui souvent ne sait pas bien ce qu'il veut, et qui n'est pas moins caché ni moins trompeur à lui-même qu'aux autres. O éternel roi des siècles, qui possédez seul l'immortalité, voilà ce qu'on vous préfère, voilà ce qui éblouit les âmes qu'on appelle grandes ! »

Cette oraison funèbre fut suivie, à un intervalle de cinq mois, de celle de Michel Le Tellier, chancelier de France et excellent chrétien. Bossuet pleurait en lui un ami aussi dévoué que fidèle; il laissa un libre cours à sa douleur et se borna à faire, avec le pinceau de Tacite, l'histoire de son héros, et en même temps celle de son époque, remarquable par tant d'événements et de vicissitudes.

Lorsque la France déplora la mort du grand Condé, en 1686, Louis XIV honora cette glorieuse mémoire par un service solennel où tous les évêques et tous les grands de la cour assistèrent, et ne trouva que Bossuet capable de louer son ami et son admirateur. De l'aveu de tous les critiques, cette oraison funèbre, avec celle de la reine d'Angleterre, forme la plus belle production de l'éloquence française, et même de l'éloquence humaine. Elle est dans la mémoire de tous les jeunes gens, à qui on l'offre comme un modèle de goût, de sentiment et de poésie ; plus d'un futur orateur a pleuré d'enthousiasme en la lisant pour la première fois.

Le parallèle de Turenne et de Condé vaut à lui seul tout un traité historique : « C'a été, dans notre siècle, un grand spectacle de voir dans le même temps et dans les mêmes campagnes ces deux hommes, que la voix commune de toute l'Europe égalait aux plus grands capitaines des siècles passés ; tantôt à la tête de corps séparés ; tantôt unis, plus encore par le concours des mêmes pensées, que par les ordres que l'inférieur recevait de l'autre ; tantôt opposés front à front, et redoublant l'un dans l'autre l'activité et la vigilance : comme si Dieu, dont souvent, selon l'Ecriture, la sagesse se joue dans l'univers, eût voulu nous les montrer en toutes les formes, et nous montrer ensemble tout ce qu'il peut faire des hommes. Que de campements, que de belles marches, que de hardiesse, que de précautions, que de périls, que de ressources! Vit-on jamais en deux hommes les mêmes vertus, avec des caractères si divers, pour ne pas dire si contraires ? L'un paraît agir par des réflexions profondes, et l'autre par de soudaines illuminations : celui-ci par conséquent plus vif, mais sans que son feu eût rien de précipité; celui-là d'un air plus froid, sans jamais rien avoir de lent, plus hardi à faire qu'à parler, résolu et déterminé au-dedans, lors même qu'il paraissait embarrassé au-dehors. L'un, dès qu'il paraît dans les armées, donne une haute idée de sa valeur, et fait attendre quelque chose d'extraordinaire; mais toutefois s'avance par ordre, et vient comme par degrés aux prodiges qui ont fini le cours de sa vie : l'autre, comme un homme inspiré, dès sa première bataille s'égale aux maîtres les plus consommés. L'un, par de vifs et continuels efforts, emporte l'admiration du genre humain, et faire taire l'envie : l'autre jette d'abord une si vive lumière, qu'elle n'osait l'attaquer. L'un enfin, par la profondeur de son génie et les incroyables ressources de son courage, s'élève au-dessus des plus grands périls, et sait même profiter de toutes les infidélités de la fortune : l'autre, et par l'avantage d'une si haute naissance, et par ces grandes pensées que le ciel envoie, et par une espèce d'instinct admirable dont les hommes ne connaissent pas le secret, semble né pour entraîner la fortune dans ses desseins et forcer les destinées. Et afin que l'on vît toujours dans ces deux hommes de grands caractères, mais divers, l'un emporté d'un coup soudain, meurt pour son pays, comme un Judas Macchabée; l'armée le pleure comme son père, et la cour et tout le peuple gémit; sa piété est louée comme son courage, et sa mémoire ne se flétrit point par le temps : l'autre élevé par les armes au comble de la gloire comme un David, comme lui meurt dans son lit en publiant les louanges de Dieu et instruisant sa famille, et laisse tous les cœurs remplis tant de l'éclat de sa vie que de la douceur de sa mort. Quel spectacle de voir et d'étudier ces deux hommes, et d'apprendre de chacun d'eux toute l'estime que méritait l'autre ! »

Bossuet lisait un jour, en souriant de pitié, le recueil de toutes les professions de foi des sectes protestantes, intitulé *Syntagma confessionum fidei*, véritable chaos de contradictions et d'absurdités, lorsqu'il s'entendit accuser par le ministre Labastide d'avoir lui-même varié dans sa doctrine. Cette grossière calomnie lui fournit l'occasion de terrasser son adversaire et toutes les erreurs du protestantisme; et au lieu d'une simple réponse, il publia son incomparable *Histoire des variations des églises protestantes*. Quiconque lit de bonne foi ce savant résumé de toutes les aberrations, de tous les systèmes, de tous les changements de doctrine imaginés par les premiers réformateurs, Luther, Mélanchthon, Bucer, Zuingle et Calvin, et modifiés plus tard en tous sens par de nouvelles sectes, reconnaîtra nécessairement la fausseté de la religion protestante. On ne réplique point à des faits historiques, à des preuves palpables, à l'évidence !

Bossuet, en flétrissant l'hérésie, dépeignait les circonstances et les personnes sans amertume et sans fiel, témoin ce portrait de Luther : « Les deux partis qui partagent la Réforme ont également reconnu Luther pour leur auteur. Il est vrai qu'il eut de la force dans le génie, de la véhémence dans ses discours, une éloquence vive et impétueuse qui entraînait les peuples et les ravissait ; une hardiesse extraordinaire quand il se vit soutenu et applaudi, avec un air d'autorité qui faisait trembler devant lui ses disciples, de sorte qu'ils n'osaient le contredire ni dans les grandes choses ni dans les petites. Ce ne fut pas seulement le peuple qui regarda Luther comme un prophète ; les doctes du parti le donnaient pour tel. Mélanchthon, qui se rangea sous sa discipline dès le commencement de ses disputes, se laissa d'abord tellement persuader qu'il y avait en cet homme quelque chose d'extraordinaire et de prophétique, qu'il fut longtemps sans en pouvoir revenir, malgré tous les défauts qu'il découvrait de jour en jour dans son maître ; et il écrivait à Erasme, en parlant de Luther : « Vous savez qu'il faut éprouver, et non pas mépriser les prophètes. » Cependant ce nouveau prophète s'emportait à des excès inouïs ; il outrait tout. Parce que les prophètes, par l'ordre de Dieu, faisaient de terribles invectives, il devint le plus violent de tous les hommes et le plus fécond en paroles outrageuses. Luther parlait de lui-même d'une manière à faire rougir tous ses amis. Enflé de son savoir, médiocre au fond, mais grand pour le temps, et trop grand pour son salut et pour le repos de l'Eglise, il se mettait au-dessus de tous les hommes, et non-seulement de ceux de son siècle, mais encore des plus illustres des siècles passés. »

La modération de Bossuet semble excessive, tant elle est charitable à l'endroit d'un homme si brutal, si insolent et si infâme. Elle est la même dans le portrait de Calvin. On sait que Calvin fit mourir sur un bûcher le malheureux Michel Servet, qui s'était permis de professer une doctrine opposée à celle du réformateur. Telle est la tolérance protestante !... Après avoir retracé la longue suite des variations des protestants, Bossuet dépeint l'immobilité de l'Eglise catholique dans ses principes et ses croyances :

« Ce qu'elle enseigne aujourd'hui, elle l'enseignait hier ; elle l'enseignait dès les premiers jours du christianisme. Elle a toujours parlé un langage uniforme ; et dans toutes les questions émises sur des points de doctrine, elle a si bien dit d'abord tout ce qu'il a fallu dire pour assurer la foi des fidèles, qu'il n'a jamais fallu, je ne dis pas varier, mais délibérer de nouveau, ni s'éloigner du premier plan... Les variations de la réforme nous ont fait voir ce qu'elle était, c'est-à-dire un royaume désuni, divisé contre lui-même, et qui doit tomber tôt ou tard : pendant que l'Eglise catholique, immuablement attachée aux décrets une fois prononcés, sans qu'on y puisse montrer la moindre variation depuis l'origine du christianisme, se fait voir une Eglise bâtie sur la pierre, toujours assurée d'elle-même, ou plutôt des promesses qu'elle a reçues, ferme dans ses principes, et guidée par un esprit qui ne se dément jamais. » Que dirait Bossuet, aujourd'hui, du protestantisme partagé en des milliers de sectes ennemies les unes des autres, sans symbole, sans corps de doctrine, sans principes de foi ni de morale, unies seulement par leur haine commune pour la vérité et le catholicisme, tombées dans l'indifférence pratique, le socinianisme et le doute universel, comme il avait prédit?

VII. — Mort de Bossuet.

L'évêque de Meaux répétait parfois à ses amis qu'il ne comprenait pas l'attrait de la plupart des hommes pour les amusements ou les occupations frivoles. La vie lui semblait chose si sérieuse, le temps si précieux, que jusqu'à son dernier soupir il ne cessa de travailler et de se rendre utile à l'Eglise, par ses immenses études sur toutes les branches de la science sacrée et profane.

Appelé un jour auprès d'un incrédule mourant, qui lui dit tout bas : « Vous voyez dans quel état je suis, et combien j'ai peu d'heures à vivre. Je tiens à vous faire une question, et votre réponse s'ensevelira avec moi dans le tombeau. Ce n'est pas l'évêque que j'interroge, c'est l'honnête homme. Sur votre honneur, dites-moi ce que vous pensez de la religion? » Bossuet se leva et répondit d'un ton grave et ému : « Je pense,

Monsieur, qu'elle est certaine, et que je n'en ai jamais douté ! » Cette foi profonde fut l'âme de sa vie entière, sa force et sa consolation.

Les ennemis de l'Eglise, toujours vaincus par Bossuet, attendaient avec impatience le moment où cette lumière de la vérité cesserait d'éclairer le monde; ils ne pouvaient commencer leur œuvre de destruction pendant sa vie, et dans le silence ils méditaient les œuvres abominables qui ont fait du dix-huitième siècle l'époque néfaste de notre histoire. Bossuet secouait sa vénérable tête, avec un profond sentiment de tristesse, à la pensée des malheurs qu'il sentait devoir fondre sur la France. « L'esprit d'incrédulité gagne tous les jours dans le monde, écrivait-il à monseigneur Fleury; et vous pouvez m'en avoir souvent entendu faire la réflexion. Mais c'est encore pis à présent, puisqu'on se sert de l'Evangile même pour corrompre la religion. Je ne puis que remercier Dieu de ce qu'à mon âge il me laisse encore assez de force pour résister à ce torrent. » Il prédit toutes les horreurs de la Révolution.

Sa santé, exceptionnellement remarquable, commençait à s'altérer et à subir les conséquences d'une longue vie sédentaire et appliquée. Jusqu'à l'âge de soixante-quinze ans, il avait lu le grec et le latin sans le secours des lunettes, et n'avait jamais été interrompu dans ses études par une indisposition sérieuse. En 1699, un érysipèle qui couvrit son corps de plaies ne l'empêcha pas de vaquer à ses exercices habituels et de se comparer, en plaisantant, au saint homme Job sur son fumier. Au mois de novembre 1701, de vives douleurs, occasionnées par la terrible maladie de la pierre, lui causèrent les plus vives douleurs. De célèbres médecins ne connurent point d'abord la nature du mal et ne la déclarèrent point au malade, lorsqu'ils ne purent plus se faire illusion. A l'aide de palliatifs, ils parvinrent toutefois à éloigner tout péril prochain de mort.

Bossuet, pendant l'année 1701, fit l'ordination et officia pontificalement le jour de Noël, comme s'il n'eût éprouvé aucun malaise ; au commencement du carême, il demanda au curé de Versailles la permission de faire gras, à cause de son âge de soixante-quinze ans, donnant par-là un exemple de soumission à la discipline ecclésiastique. Le 2 avril 1702, il fit lui-même l'ouverture du jubilé de l'année sainte, et adressa à tous ses diocésains une admirable lettre pastorale sur le jubilé et les moyens de le gagner saintement. Au moment où ses forces semblaient renaître et ses souffrances diminuer, il songeait à la mort sans effroi et l'envisageait avec bonheur comme une amie. Il récitait souvent le psaume *Deus, Deus meus respice in me*, comme la meilleure des préparations à la mort, puisqu'il renferme les paroles prononcées par Notre-Seigneur dans son agonie et exprime la confiance que nous devons avoir en lui, confiance qui ne saurait être trompée.

Il voulut tenir un dernier synode et faire ses adieux à tout son clergé; après lui avoir recommandé de conserver fidèlement le dépôt de la doctrine, de la discipline et des biens destinés aux pauvres: *O Timothee depositum custodi*, il s'écria en se levant de son fauteuil : « Mes très-chers frères, ces cheveux blancs m'avertissent que bientôt je dois aller rendre compte à Dieu de mon ministère, et que ce sera peut-être aujourd'hui la dernière fois que je vous parlerai; je vous en conjure par les entrailles de sa divine miséricorde, ne permettez pas que tout ce que je viens de vous dire devienne inutile dans ma bouche, et que le Seigneur puisse me reprocher, lorsque je paraîtrai devant lui, de n'avoir pas rempli envers vous les obligations de mon ministère. Faites en sorte, par votre conduite, que toutes les paroles que je vous ai annoncées dans mes instructions ne soient pas infructueuses. Je prends ce divin Sauveur à témoin que, pendant tout le cours de mon épiscopat, je n'ai jamais eu d'autre intention que de vous faire remplir dignement les devoirs d'un état aussi saint que le vôtre, et d'où dépend le salut des peuples qui vous sont confiés. J'espère que vous ne me refuserez pas la consolation que j'attends de vous, et que notre divin Maître ne nous reprochera pas à l'heure de notre mort, ni à vous de n'avoir pas profité de ce qu'il m'a inspiré, ni à moi d'avoir gardé un silence continuel, pendant tout le temps de mon admiration, sur les devoirs de votre état. » Tous les assistants fondaient en larmes et demandaient à Dieu la conservation d'une vie si précieuse et si chère à l'Eglise.

A la fin de l'année 1702, ses souffrances devinrent plus violentes; il les supportait avec résignation, et, dans les instants de calme, il traduisait les Psaumes en vers français. On fut enfin obligé de lui faire connaître qu'il était attaqué de la maladie de la pierre, et qu'il fallait recourir à l'opération douloureuse de la taille. En apprenant cette triste nouvelle, il écrivit sur-le-champ ce billet à son confesseur : « J'ai un extrême besoin, mon révérend père, que vous veniez ici au plus tôt pour me déterminer à la taille, qu'il faudra peut-être souffrir au premier jour. » Après avoir fait sa confession au père Damascène, religieux trinitaire, il entendit la messe et s'abandonna entre les mains de la Providence. L'opération, dont le succès paraissait fort incertain, n'eut pas lieu; et toutes les ressources de la médecine parvinrent à prolonger sa vie pendant un an et à calmer ses douleurs.

Dès qu'il se trouvait seul dans sa chambre, il méditait l'Écriture sainte, les œuvres de saint Cyprien, d'Eusèbe, et l'Histoire ecclésiastique; et quand les visiteurs se présentaient, il s'entretenait familièrement avec eux de la religion et des pratiques de piété. Il eut l'imprudence de se rendre à Versailles, le jour de l'Assomption 1703, pour y remplir ses fonctions d'aumônier de la duchesse de Bourgogne, et tomba gravement malade à la suite du voyage. Durant trois semaines, il fut entre la vie et la mort; chaque jour, les seigneurs et les personnages importants témoignèrent leur respect pour sa personne en s'informant de l'état de sa santé.

Reconduit à Paris, il se trouva beaucoup mieux qu'à Versailles, se remit au travail, reprit sa promenade journalière, en disant : « Je vois bien que Dieu veut me conserver. » Il se fit relire plusieurs de ses ouvrages et y ajouta quelques passages considérables; sa présence d'esprit demeura toujours parfaite; et au milieu de ses souffrances il souhaitait de pouvoir travailler afin de ne pas tomber dans l'ennui. « Je sens bien, ajoutait-il, que je paierai cher la vie sérieuse que j'ai menée. Je n'ai jamais pu et je vois bien que je ne pourrai jamais m'amuser de tout ce qui remplit ordinairement la vie de la plupart des hommes. » Pendant les derniers jours, l'Évangile occupa constamment son esprit, et il en faisait de beaux commentaires à ses amis ; il voulut entendre plus de soixante fois la lecture de l'Evangile de saint Jean. On l'écoutait, avec admiration et tristesse, parler du ciel, de la bonté de Dieu et des mystères de la religion. A chaque instant, il répétait ces paroles : « Non, mon Dieu, je ne puis croire que vous m'ayez donné inutilement cette confiance en votre bonté. Mon salut est infiniment mieux entre vos mains que dans les miennes. Je veux m'abandonner à vous sans retour sur moi-même ; car on ne peut se voir sans vous, ô mon Dieu, qu'on ne tombe dans une espèce de désespoir. »

Il se disait heureux de mourir avec Jésus-Christ dans le temps de sa passion, et au plus fort de la crise du mal, il murmurait ces mots : « Mon Dieu, ayez pitié de moi... Que votre règne advienne ; que votre volonté soit faite. » Son confesseur étant revenu près de lui, il lui exprima sa satisfaction de le savoir à ses côtés : « Je sens la machine se détruire : prions Dieu ensemble, afin qu'il me donne les grâces nécessaires pour souffrir avec patience et pour bien mourir. Prions souvent, mais peu à la fois, à cause de mes douleurs. Disons et redisons sans cesse l'Oraison dominicale; c'est la véritable prière des chrétiens et la plus parfaite, puisqu'elle renferme tout. Arrêtons-nous particulièrement à ces paroles : Que votre volonté soit faite. » Quand on lui administra l'extrême-onction et le saint viatique, il répondit à toutes les prières avec une humilité touchante et récita le *Credo* d'une voix ferme.

Après plusieurs alternatives d'apparences de guérison et de rechutes, quelques personnes le félicitaient de l'amélioration de son état. « Cessez de me tromper, leur répondit-il avec douceur; que la volonté de Dieu soit faite : je sens toute ma faiblesse. » Une nuit, on crut sa dernière heure arrivée, et les assistants se mirent à genoux pour recevoir sa bénédiction suprême; l'abbé Ledieu le remercia de ses bienfaits, et le conjura de se souvenir au ciel des amis qu'il laissait sur la terre et qui avaient toujours été dévoués à sa personne et à sa gloire. Entendant ce mot de *gloire*, Bossuet, prêt à paraître devant Dieu et occupé de son salut éternel, se souleva avec peine sur son lit, en disant: « Cessez ces discours ; demandez pour moi pardon à Dieu de mes péchés. » Et il continua, malgré ses douleurs de plus en plus intolérables, à prier à voix basse, à répondre aux prières des agonisants et à contempler l'image de Jésus-Christ.

Le 12 avril 1704, sans passer par les transes de l'agonie, Bossuet mourut à l'âge de soixante-treize ans. L'abbé de Saint-André lui ferma les yeux en s'écriant : « Mon Dieu, que de lumières éteintes ! et quel brillant flambeau de moins dans votre Eglise ! » Louis XIV, en apprenant cette perte, la déplora comme un malheur public, et le peuple disait naïvement : Quel dommage qu'un si grand homme soit mort ! Le corps de Bossuet fut transféré à Meaux, où les larmes des fidèles et les regrets du clergé firent son éloge plus éloquemment que tous les discours prononcés, en son honneur, en France, à Rome, dans les académies et dans les chaires. Le monde avait estimé le savant prélat, les pauvres avaient béni le charitable pasteur; Dieu allait donner la couronne éternelle à son fidèle serviteur !...

Limoges. — Imp. Eugène Ardant et Cⁱᵉ.

www.ingramcontent.com/pod-product-compliance
Lightning Source LLC
Chambersburg PA
CBHW070527100426
42743CB00010B/1988